CORNELIA SCHINHARL

BIOKISTEN
KOCHBUCH

**Gemüsegenuss für
alle Jahreszeiten**

CORNELIA SCHINHARL

BIOKISTEN
KOCHBUCH

Gemüsegenuss für
alle Jahreszeiten

Fotos von Martina Görlach

KOSMOS

BIOKISTE

UND HIER
SEHEN SIE
ES GANZ
GENAU.

DAS IST *wirklich* WICHTIG

DARAUF KOMMT'S AN! Hier erläutern wir alles, was zum Gelingen des Rezepts wirklich wichtig ist. Wenn es sinnvoll ist, mit Bild, sonst auch mal ohne.

GEMÜSEREZEPTE
rund ums Jahr

SPARGEL IM NOVEMBER, HIMBEEREN AN WEIHNACHTEN UND TOMATEN RUND UMS JAHR – ALL DAS IST HEUTE MÖGLICH, UND WIR KÖNNTEN DAS GANZE JAHR HINDURCH FAST DAS GLEICHE ESSEN. ABER WOLLEN WIR DAS WIRKLICH? NEHMEN WIR UNS DAMIT NICHT EINE GANZE MENGE AN GENUSS UND FREUDE?

Da ist zum einen der Geschmack: Das Aroma ist einfach besser und kräftiger, wenn das Gemüse im Freiland gewachsen und in der Sonne gereift ist. Manche Wintergemüse hingegen brauchen Frost, um so richtig gut zu schmecken.

Da ist außerdem die Gesundheit: Kann das Gemüse draußen gedeihen, braucht es in der Regel weniger Unterstützung beim Wachsen, also weniger Dünger und andere Mittel. Dazu kommt das gute Gewissen: Weniger Chemie beim Anbau schont die Umwelt, beim Transport fallen weniger Schadstoffe an, da die Wege in der Regel kurz sind.

Und da ist zu guter Letzt auch noch die Freude über den Wechsel der Jahreszeiten und den Wechsel des Angebots in der Biokiste oder am Gemüsestand. Es gehört doch wahrlich zu den schönsten Dingen, wenn im Frühjahr die ersten zarten Kräuter und verführerisch leuchtenden Radieschen auf den Tisch kommen, wenn das Gemüseangebot im Sommer immer bunter wird und schließlich die ersten leuchtend orangefarbenen Kürbisse den Herbst auch kulinarisch einläuten. Im Winter wird's gemütlich mit kräftigem Kohl und allerlei Wurzelgemüse.

Rund ums Jahr bringen die vielen verschiedenen Gemüsesorten eine ganze Menge Abwechslung in die Küche. Lassen Sie sich Gemüse in der Biokiste liefern; Sie können eine Kiste abonnieren und sich überraschen lassen. Oder Sie bestellen genau das, was Sie gern möchten, mit dem Wissen, dass es gerade Saison hat und – so weit möglich – aus der Region kommt. Natürlich können Sie auch auf einem Wochenmarkt am Biostand einkaufen.

In den Steckbriefen am Anfang jedes Kapitels erfahren Sie das Wichtigste über die einzelnen Gemüse – vor allem weniger bekannte Sorten – und was Sie alles damit machen können. In den Rezepten zeigen wir Ihnen in Bild und Text, wie zum Beispiel Schwarzwurzeln vorbereitet und gegart werden. Das alles macht Sie vertraut mit den Gemüsen des ganzen Jahres, sodass Sie bestimmt schon bald zu eigenen Kreationen angeregt werden.

Genießen Sie den Wechsel der Jahreszeiten und lassen Sie es sich rund ums Jahr schmecken.

SAISONKALENDER
für Gemüse

	Januar	Februar	März	April	Mai	Juni
Artischocken, groß						
Artischocken, klein	●	●	●			
Auberginen						
Blumenkohl					●	●
Bohnen, grün					●	●
Brokkoli						
Dicke Bohnen					●	●
Erbsen, frisch					●	●
Fenchel						
Frühlingszwiebeln					●	●
Gurken						●
Knollensellerie						●
Kohlrabi				●	●	●
Kürbis						
Lauch	●	●	●		●	●
Mairübchen					●	●
Mais						
Mangold					●	●
Maronen / Esskastanien						
Möhren	●	●	●	●	●	●
Paprikaschoten						●
Pastinaken	●	●	●			
Petersilienwurzeln	●	●	●	●		
Rettich (Winterrettich)	●	●			●	●
Rhabarber				●	●	●
Rosenkohl	●	●				
Rote Bete					●	●
Rotkohl	●	●	●			
Schwarzwurzeln	●	●	●	●		
Spargel				●	●	●
Spinat, zarter Blattspinat				●	●	●
Spinat, fester Wurzelspinat	●	●	●			
Staudensellerie						●
Tomaten						●
Weißkohl/Spitzkohl	●	●				●
Wirsing	●					●
Zucchini						●
Zuckerschoten					●	●

DIE MEISTEN GEMÜSE gibt es inzwischen fast das ganze Jahr über. Wer aber wissen will, was wann Hauptsaison hat und erntefrisch in der Biokiste liegt, erfährt es hier:

Juli	August	September	Oktober	November	Dezember	
	●	●	●			Artischocken, groß
				●	●	Artischocken, klein
●	●	●	●			Auberginen
●	●	●	●			Blumenkohl
●	●	●	●			Bohnen, grün
●	●	●	●			Brokkoli
●	●					Dicke Bohnen
●						Erbsen, frisch
	●	●	●	●		Fenchel
●	●					Frühlingszwiebeln
●	●	●	●			Gurken
●	●	●	●	●		Knollensellerie
●	●	●	●	●		Kohlrabi
		●	●	●	●	Kürbis
●	●	●	●	●	●	Lauch
						Mairübchen
●	●	●	●	●		Mais
●	●	●	●	●		Mangold
		●	●	●	●	Maronen / Esskastanien
●	●	●	●	●	●	Möhren
●	●	●	●			Paprikaschoten
			●	●	●	Pastinaken
			●	●	●	Petersilienwurzeln
●	●	●	●	●	●	Rettich (Winterrettich)
						Rhabarber
			●	●	●	Rosenkohl
●	●	●	●	●	●	Rote Bete
	●	●	●	●	●	Rotkohl
			●	●	●	Schwarzwurzeln
						Spargel
●	●					Spinat, zarter Blattspinat
				●	●	Spinat, fester Wurzelspinat
●	●	●	●	●		Staudensellerie
●	●	●	●	●		Tomaten
●	●	●	●	●	●	Weißkohl / Spitzkohl
●	●	●	●	●	●	Wirsing
●	●	●	●			Zucchini
●	●					Zuckerschoten

FRÜHLING

zart und frisch

FEIN UND DELIKAT PRÄSENTIERT SICH DER FRÜHLING. AROMATISCHE KRÄUTER UND EDLER SPARGEL, KNACKIGE RADIESCHEN UND ZARTE ERBSEN SIND JETZT IM ANGEBOT UND SORGEN FÜR EINE MENGE FRISCHEN GENUSS!

FRÜHLINGSGEMÜSE
kennenlernen & zubereiten

DICKE BOHNEN

Das ist wichtig Da die großen fleischigen Bohnen bei uns nur in Norddeutschland wirklich beliebt sind, werden sie selten angebaut. Die meisten hier angebotenen dicken Bohnen kommen daher aus den Mittelmeerländern, wo die Saison deutlich früher beginnt. Kommen heimische Bohnen etwa im Juni auf den Markt, gibt es die Importe schon im April. Berücksichtigen Sie, dass die Ausbeute aus den dicken fleischigen Schoten gering ist. Für 500 g dicke Bohnen müssen Sie ca. 2 kg in den Schoten kaufen. Dicke Bohnen möglichst innerhalb einer Woche nach dem Einkauf zubereiten, sie werden bei längerem Lagern leicht trocken. Außer frischen dicken Bohnen gibt es gelegentlich tiefgekühlte. Außerdem bekommt man sie im Glas, allerdings sind sie meist sehr weich gekocht und haben wenig Aroma.

Das kann man damit machen Auch wenn die zarten dicken Bohnen in Italien im Frühjahr roh als Delikatesse gelten und mit dem ersten Pecorino des Jahres, dem Marzolino, und Olivenöl als Vorspeise serviert werden: Viele Menschen vertragen die Bohnen roh nicht gut. Sie sollten Sie deshalb immer kochen oder schmoren. Sie schmecken im Ganzen als Gemüse und fein zerkleinert als Suppe oder würziges Püree.

ERBSEN

Das ist wichtig Frische Erbsen in der Schote sind nur wenige Monate im Handel, den Rest des Jahres können Sie aber auf TK-Erbsen zurückgreifen, die erntefrisch gefrostet werden und eine gute Alternative darstellen. Frische Erbsen müssen knackig grüne Schoten haben und dürfen nicht trocken aussehen. Die Erbsen immer möglichst bald nach dem Einkauf zubereiten, beim Lagern werden sie leicht trocken. Eine besondere Sorte sind **Zuckerschoten.** Sie bilden in der Schote keine Pergamenthaut aus und haben nur ganz kleine Erbsen. Sie können im Gegensatz zu Erbsen mit der Schote zubereitet werden.

Das kann man damit machen Erbsen schmecken als Gemüse; kurz in Salzwasser kochen und mit Butter und etwas gehackter Minze, Salz, Pfeffer und Zitronenschale würzen. Oder mit anderem Gemüse, z. B. zarten Möhren oder Pilzen, mischen. Erbsen schmecken aber auch im Risotto, in der Suppe oder im Eintopf.

FRÜHLINGSZWIEBELN

Das ist wichtig Die jungen zarten Zwiebeln sind der Perlzwiebel ähnlich, bilden wie diese nur kleine Zwiebeln aus und werden mit Grün verkauft – das Sie in jedem Fall mitverwenden sollten, denn es enthält noch mehr Vitamine und Mineralstoffe als die Zwiebel selbst. Lauchzwiebeln bilden im Gegensatz zu Frühlingszwiebeln kaum Knollen aus, sondern sehen eher aus wie ganz zarter Lauch. Sie werden aber wie Frühlingszwiebeln verwendet, auch sie mit dem knackigen Grün.

Das kann man damit machen Da sie zwar aromatisch, aber eher mild schmecken, werden Frühlingszwiebeln gern roh verwendet – im Salat, in Saucen und Dips. Sie schmecken aber auch gedünstet oder gebraten sehr gut.

MAIRÜBCHEN

Das ist wichtig Wie der Name vermuten lässt, gibt es die zarten weißen bis leicht rosafarbenen Rübchen im Mai und Juni. Sie werden oft mit Grün im Bund verkauft und sollten nicht mehr als 5 cm Durchmesser haben. Das zarte Grün können Sie übrigens mitverwenden, es hat viel Aroma und zahlreiche Vitamine.

Das kann man damit machen Sie schmecken am besten glasiert oder gebraten (z. B. im Wok). Sind die Blätter zart, können Sie sie wie Spinat zubereiten – nach Wunsch auch mit Spinat und Radieschenblättern gemischt – und als Beilage servieren.

RADIESCHEN

Das ist wichtig Kaufen Sie am besten mittelgroße Radieschen, die mit Blättern im Bund angeboten werden. Sehr große Radieschen sind oft innen schwammig oder holzig. An den saftigen Blättern können Sie erkennen, ob die Radieschen frisch sind. Sie machen nämlich nach der Ernte rasch schlapp. Radieschenblätter enthalten übrigens viele Vitamine und Mineralstoffe; hacken Sie sie und mischen sie unter den Salat, in Kräuterdips oder rühren Sie sie zum Schluss unter eine Suppe.

Das kann man damit machen Radieschen werden hauptsächlich roh – im Salat oder auf dem Butterbrot – gegessen, können aber auch gegart werden. Besonders gut schmecken sie glasiert wie die Mairübchen auf Seite 23.

RHABARBER

Das ist wichtig Obwohl er meist süß zubereitet wird, gehört Rhabarber nicht zum Obst, sondern zu den Gemüsepflanzen. Die fleischigen Stangen können rot oder grün sein, die roten sind meist aromatischer und enthalten außerdem weniger Oxalsäure. Die Stangen sollen fest und an den Schnittstellen nicht ausgetrocknet sein. Zum Lagern wickeln Sie Rhabarber wie Spargel in ein feuchtes Tuch, am besten aber wird er bald nach dem Einkauf zubereitet. Rhabarber enthält relativ viel Oxalsäure, die mit dem Alter der Stangen steigt. Nach der Saison, also ab Juli oder August, sollte man ihn gar nicht mehr essen, Rheuma- und Gichtkranke wie auch Diabetiker meiden ihn am besten ganz. Allerdings sitzt die meiste Säure in den Blättern, diese deshalb nie mit zubereiten!

Das kann man damit machen Rhabarber immer garen. Zum Beispiel in dünne Scheiben schneiden und mit Zucker und etwas Wasser als Kompott kochen. Das schmeckt mit Vanillesahne als leichter, schneller Nachtisch.

SPARGEL, GRÜN

Das ist wichtig Er wächst im Gegensatz zum weißen Spargel über der Erde und bildet deshalb das für die grüne Farbe verantwortliche Chlorophyll. Er muss nicht oder nur am unteren Ende geschält werden, ist schneller gar und hat einen kräftigeren Geschmack als sein weißer Verwandter. In ein feuchtes Tuch wickeln und höchstens vier Tage im Kühlschrank aufheben.

Das kann man damit machen Grüner Spargel schmeckt roh im Salat, gekocht und gedämpft, besonders gut aber auch bissfest gebraten oder gegrillt. Gekocht braucht er etwa 7 Minuten, gedämpft und gedünstet 6–8, gebraten 7–8 und auf dem Grill etwa 10 Minuten.

SPARGEL, WEISS

Das ist wichtig Für seinen Anbau wird lockere sandige Erde zu Dämmen aufgeschichtet, unter denen die zarten Stangen im Dunkeln wachsen und gestochen werden, bevor sie die Erde durchbrechen. Deshalb bleiben die Stangen so schön weiß. Spargel mit violetten oder grünlichen Spitzen hat das Licht kurz gesehen, schmeckt aber ebenfalls sehr fein, meist sogar etwas würziger als der reinweiße. Kaufen Sie Spargel am besten lose, damit Sie sehen können, ob die Schnittstellen frisch und feucht sind. Zu Hause in ein feuchtes Tuch wickeln und im Kühlschrank höchstens vier Tage aufheben. Ganz frisch schmeckt er am besten.

Das kann man damit machen Spargel schmeckt roh – beispielsweise als Carpaccio –, gekocht, gedämpft, geschmort, gebraten und sogar gegrillt. Klassisch wird er gekocht und mit verschiedenen Saucen, etwa einer Hollandaise, serviert. Gekocht braucht er 12–15 Minuten, gedämpft und gedünstet um die 12, in Scheiben gebraten 6–8, gegrillt etwa 15 Minuten.

SPINAT

Das ist wichtig Frühjahrs- und Sommerspinat hat zarte, eher kleine und lose Blätter, die ohne Wurzel verkauft werden. Spinat lässt sich nicht gut lagern, bereiten Sie ihn deshalb möglichst rasch nach dem Einkauf zu. Für ein bis zwei Tage können Sie ihn aber – am besten in einer Plastiktüte – im Kühlschrank aufheben.

Das kann man damit machen Der zarte Blattspinat schmeckt sowohl roh als Salat wie auch gegart. Versuchen Sie einmal einen frischen Frühlingssalat aus Spinatblättern, Radieschenscheiben und Frühlingszwiebelringen, am besten mit einem Dressing aus Joghurt, Senf, Zitronensaft und neutralem Öl.

KLEINE KRÄUTERKUNDE

Das erste frische Grün im Jahr hat in der Küche eine lange Tradition. Nicht nur an Ostern kommen die zarten Blättchen in Salat und Suppe, in zahlreiche Saucen und Dips.

BÄRLAUCH

Wächst im zeitigen Frühjahr im Wald und im Garten; die Blätter können mit denen des giftigen Maiglöckchens verwechselt werden. Machen Sie immer die Duftprobe: Bärlauchblätter riechen beim Abpflücken nach Knoblauch, Maiglöckchen nicht. Wie der Duft erinnert auch der Geschmack von Bärlauch leicht an Knoblauch. Immer frisch verwenden!

DILL

Ist der Klassiker zu Gurken, schmeckt aber auch zu Fisch sehr gut. Frisch verwenden.

ESTRAGON

Ist ein besonders würziges Kraut, das vor allem in der französischen Küche gerne verwendet wird. So hat der französische Estragon auch das feinere Aroma, der russische hingegen ist derber und schmeckt leicht bitter. Estragon verträgt es, wenn er mitgegart wird, kann aber auch frisch aufgestreut werden.

KERBEL

Hat einen würzigen, feinen und leicht anisartigen Geschmack. Die zarten Blättchen sind im Frühjahr am besten und sollten möglichst nicht mitgegart werden. Also immer erst kurz vor dem Servieren aufstreuen oder untermischen.

LÖWENZAHN

Wächst im Garten und auf dem Feld. Nehmen Sie immer nur die zarten jungen Blätter, und zwar nur von Stellen, wo nicht gedüngt oder gespritzt wird und keine stark befahrene Straße vorbeiführt.

RUCOLA

Aus dem Freiland kommt er im Frühjahr auf den Markt. Die würzigen grünen Blätter haben dann mehr Aroma und enthalten in der Regel weniger Schadstoffe und weniger Nitrat als Winter-Rucola aus dem Treibhaus. Rucola schmeckt als Salat oder als Bestandteil einer Kräutermischung für Saucen und Dips.

SCHNITTLAUCH

Kommt schon früh aus dem Freiland und hat einen würzigen Geschmack. Er passt in den Salat, in den Dip, aufs Butterbrot und auf die Suppe. Immer frisch verwenden und nicht mitgaren.

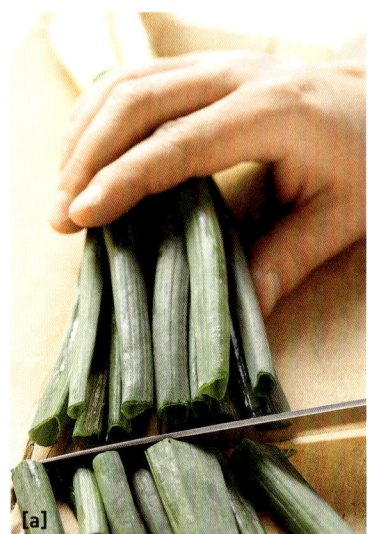

[a]

DAS IST *wirklich* WICHTIG

[a] FRÜHLINGSZWIEBELN VORBEREITEN Vor allem in den grünen Teilen stecken viele Vitamine und Mineralstoffe. Schneiden Sie deshalb nur die welken dunkelgrünen Teile und den Wurzelansatz ab. Zwiebeln dann waschen und in Ringe schneiden.

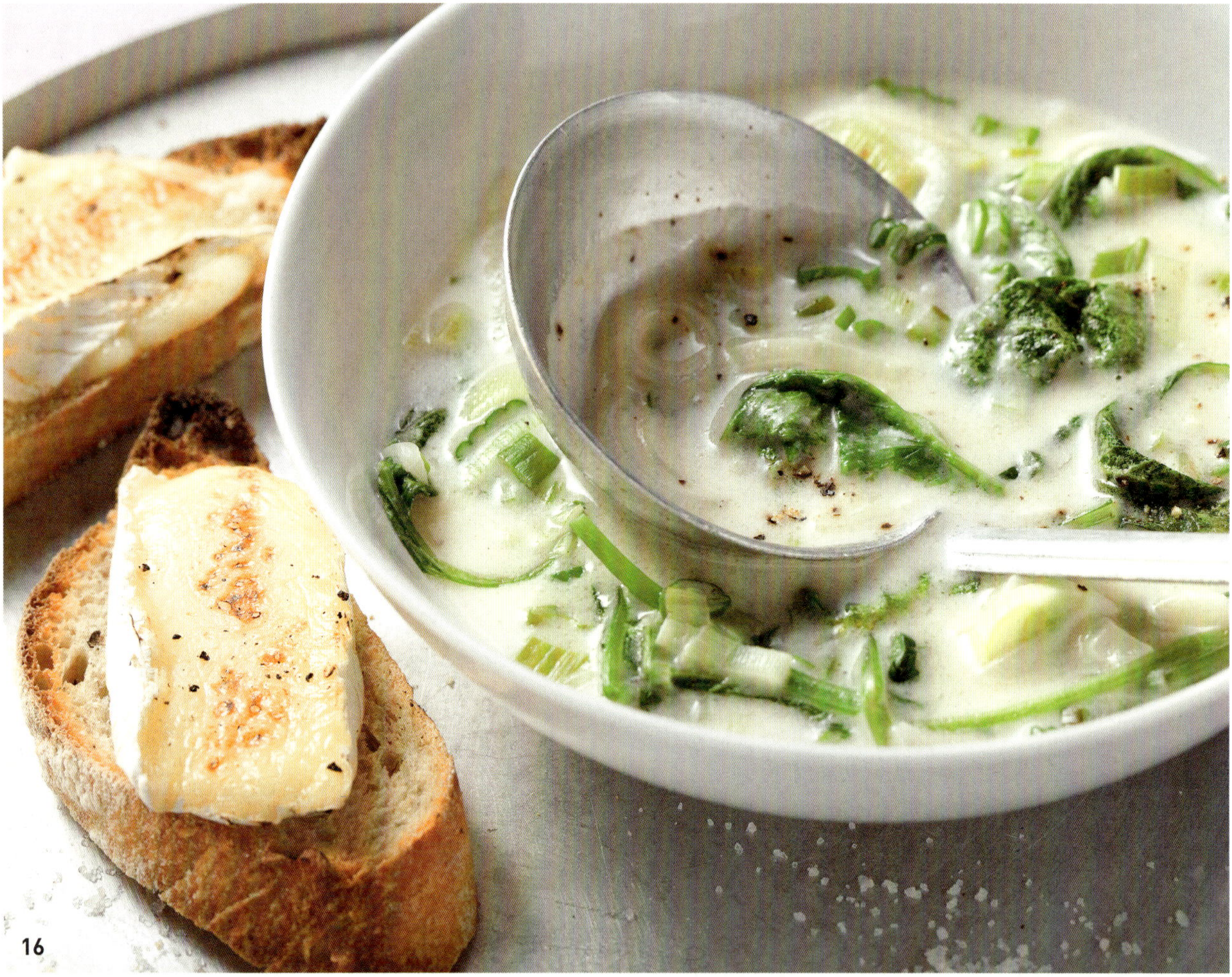

FRÜHLINGSZWIEBELSUPPE
mit Radieschenblättern

CREMIG LEICHT UND WÜRZIG DIE SUPPE, KNUSPRIG FRISCH
AUS DEM OFEN DIE KÄSEBROTE.

Zutaten für 4 Portionen

2 Bund Frühlingszwiebeln (etwa 500 g)

Blätter von 1 Bund Radieschen

2 Knoblauchzehen

1 EL Butter

½ TL Puderzucker

2 TL Mehl

¾ l Gemüsebrühe

100 g Camembert (nach Belieben aus Ziegenmilch)

8 Scheiben Baguette

150 g Sahne

2 TL Zitronensaft

Salz, Pfeffer aus der Mühle

Zeitbedarf
• 25 Minuten

So geht's

1. Den Backofen auf 220 °C (Ober- und Unterhitze; Umluft 200 °C) vorheizen. Die Frühlingszwiebeln putzen [→ a], waschen und in Ringe schneiden. Etwa 1 EL vom frischen Grün weglegen. Die Radieschenblätter waschen und grob schneiden. Den Knoblauch schälen und in feine Scheiben schneiden.

2. Die Butter im Suppentopf zerlassen. Die Zwiebeln darin mit dem Puderzucker andünsten. Das Mehl dazurühren und 1–2 Minuten anschwitzen. Die Brühe angießen, zum Kochen bringen und die Suppe offen bei schwacher bis mittlerer Hitze etwa 10 Minuten köcheln lassen.

3. Den Camembert in 8 Scheiben schneiden und auf die Baguettescheiben legen. Die Brote im heißen Ofen etwa 5 Minuten backen, bis der Käse leicht gebräunt ist.

4. Inzwischen die Sahne unter die Suppe rühren. Die Radieschenblätter und die übrigen Zwiebelringe einrühren und die Suppe mit dem Zitronensaft, Salz und Pfeffer abschmecken. Mit den heißen Broten servieren.

Die Variante

Frühlingszwiebelgemüse mit Kohlrabi und Kerbel
1 Bund Frühlingszwiebeln putzen, waschen und in etwa 4 cm lange Stücke schneiden. 1 Kohlrabi schälen und erst in Scheiben, dann in etwa 1 cm breite Stifte schneiden. Den Kohlrabi in 1 EL Butter andünsten, mit 100 ml Gemüsebrühe oder Weißwein ablöschen und zugedeckt bei schwacher Hitze etwa 5 Minuten dünsten. Frühlingszwiebeln, 1 EL Butter und 1 TL Honig dazugeben und mit Salz, Pfeffer und 1 TL Zitronensaft abschmecken. Weitere 3–4 Minuten dünsten, bis die Zwiebeln bissfest sind. Inzwischen 1 Handvoll Kerbel waschen, trocken schütteln und die Blätter abzupfen. Unter das Gemüse mischen und gleich servieren.

SPARGELTARTE
mit Kartoffelguss

KNUSPRIGER TEIG, FRÜHLINGSFRISCHER BELAG UND EIN SAFTIGER GUSS:
EIN FEINES ESSEN, DAS SICH WUNDERBAR VORBEREITEN LÄSST.

Zutaten für 4 Portionen

250 g Mehl

100 g kalte Butter

1 Ei (Größe S)

Salz

400 g vorwiegend festkochende Kartoffeln

400 g grüner Spargel

1 Handvoll Frühlingskräuter (z. B. Kerbel, Bärlauch und Schnittlauch)

250 g Sahne oder Crème fraîche

150 g frisch geriebener Bergkäse (Greyerzer oder Allgäuer)

3 Eier (Größe M)

Pfeffer aus der Mühle

besonderes Werkzeug
• 1 Tarteform (30 cm ø)

Zeitbedarf
• 1 Stunde +
  40 Minuten backen

So geht's

1. Das Mehl mit der Butter in kleinen Würfeln, dem Ei, 1 TL Salz und 1 – 2 EL eiskaltem Wasser rasch zu einem glatten Teig verkneten. Den Teig rund ausrollen [→ a] und in die Tarteform legen. In der Form etwa 1 Stunde kühl stellen.

2. Inzwischen die Kartoffeln mit Schale in Wasser weich kochen. Den Spargel waschen und putzen [→ b]. In etwa 5 cm lange Stücke schneiden und in kochendem Salzwasser 1 Minute vorkochen. Kalt abschrecken und abtropfen lassen.

3. Die Kartoffeln abgießen, etwas ausdampfen lassen, schälen und durch die Kartoffelpresse drücken. Die Kräuter waschen und trocken schütteln, von den Stielen zupfen und fein schneiden.

4. Die Sahne mit dem Käse und den Eiern verrühren, Kartoffeln und Kräuter untermischen und alles mit Salz und Pfeffer abschmecken.

5. Den Backofen auf 200 °C (Ober- und Unterhitze; Umluft 180 °C) vorheizen. Den Spargel auf dem gekühlten Teigboden auslegen, den Kartoffelguss darüber verteilen. Die Tarte im Ofen (Mitte) etwa 40 Minuten backen, bis sie schön gebräunt ist.

TIPP Lassen Sie Tartes vor dem Anschneiden immer etwa 10 Minuten ruhen. Es läuft dann beim Anschneiden weniger Flüssigkeit aus, und die Serviertemperatur ist ideal.

DIE STANGE BRICHT DORT, WO DER HOLZIGE TEIL ANFÄNGT.

[b]

DAS IST *wirklich* WICHTIG

[a] TEIG AUSROLLEN Den Teig zu einer Kugel formen und auf ein Stück Frischhaltefolie legen. Mit einem weiteren Stück Folie abdecken. Teig mit dem Nudelholz ausrollen, dabei nach jedem zweiten Rollen ein Stück um die eigene Achse drehen, damit er gleichmäßig rund wird. Obere Folie abziehen, Teig in die Form stürzen und darin verteilen. Zweite Folie abziehen. Ränder glatt schneiden.

[b] GRÜNEN SPARGEL VORBEREITEN Grüner Spargel hat nur am unteren Ende eine harte Schale. Den Übergang zwischen zartem und grobem Teil stellen Sie so fest: Die Stange mit den Händen am unteren Ende und etwa in der Mitte festhalten. Am unteren Ende leicht biegen. Die Stange bricht dort ab, wo der harte Teil beginnt. Diesen entweder wegwerfen oder gut schälen.

19

DAS IST *wirklich* WICHTIG

[a] WEISSEN SPARGEL SCHÄLEN
Die Stangen von weißem Spargel nach dem Waschen flach in die Handfläche legen. Etwa 2 cm unterhalb des Spargelköpfchens mit dem Schälen beginnen. Schälen Sie im oberen zarten Teil der Stange dünner, nach unten hin etwas großzügiger. Zum Schluss die Enden abschneiden.

[b] PFANNKUCHEN BACKEN Geben Sie 1 Schöpfkelle Teig in die Pfanne und drehen Sie die Pfanne leicht schräg nach allen Seiten, bis der Teig den Pfannenboden gleichmäßig bedeckt.

[a]

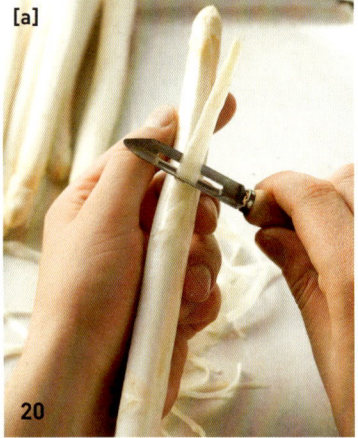

[b]

SPARGEL
mit Kerbel-Knoblauch-Pfannkuchen

EIN KÖSTLICHES FRÜHLINGSGERICHT, DAS PUR AUSGEZEICHNET SCHMECKT.
NOCH FEINER WIRD'S MIT VERSCHIEDENEN SCHINKENSORTEN.

Zutaten für 4 Portionen

Für die Pfannkuchen:

300 g Mehl

½ l Milch

1 TL Salz

4 Eier (Größe M)

2 Handvoll Kerbel

4 Knoblauchzehen
(am besten junge)

1 EL Butter

1 EL Öl

Für den Spargel:

2 kg weißer Spargel

Salz

100 g Butter

Zeitbedarf

• 50 Minuten +
  30 Minuten ruhen

So geht's

1. Für die Pfannkuchen das Mehl mit der Milch, dem Salz und den Eiern gründlich verrühren. Den Teig 30 Minuten bei Zimmertemperatur stehen lassen. Dann den Kerbel waschen und trocken schütteln, von den Stielen befreien und fein hacken. Den Knoblauch schälen und ebenfalls fein hacken. Beides unter den Teig mischen.

2. Den Spargel schälen [→ a]. In einem großen Topf Wasser zum Kochen bringen und salzen. Den Spargel einlegen und mit halb aufgelegtem Deckel bei mittlerer Hitze in 12–15 Minuten gut bissfest kochen.

3. Gleichzeitig für die Pfannkuchen etwas Butter und Öl in einer Pfanne erhitzen. Aus dem Teig nacheinander etwa 8 Pfannkuchen backen [→ b] und im Backofen bei 50 °C warm halten. Die Pfannkuchen entweder im Ganzen zum Spargel servieren oder in Stücke reißen und zum Schluss noch einmal in etwas Butter heiß werden lassen.

4. Die Butter zerlassen und ganz leicht bräunen lassen. Den Spargel mit dem Schaumlöffel aus dem Wasser heben, abtropfen lassen und mit den Pfannkuchen und der heißen Butter servieren.

Die Variante

Folienspargel mit Zitronenbutter

2 kg weißen Spargel wie beschrieben schälen. Jeweils 1 kg auf ein großes Stück Alufolie legen (glänzende Seite nach oben). Die Schale von 1 Bio-Zitrone fein abreiben, 1 Bund Bärlauch waschen, trocken schütteln und fein hacken. Mit 80 g Butter verkneten, salzen und pfeffern. Den Spargel ebenfalls leicht salzen und pfeffern, die würzige Butter in kleine Stücke schneiden und darauf verteilen. Die Päckchen gut verschließen und den Spargel auf dem Backblech im heißen Ofen bei 180 °C (Ober- und Unterhitze; Umluft 160 °C) etwa 45 Minuten backen. Mit Kartoffeln oder mit den Kerbel-Knoblauch-Pfannkuchen servieren.

SPARGEL UND RADIESCHEN
aus dem Wok

Zutaten für 4 Portionen

500 g grüner Spargel

1 großes Bund Radieschen

1 weiße Zwiebel

2 Knoblauchzehen

1–2 rote Chilischoten

2 EL neutrales Öl

125 g Sahne

1 EL Zitronensaft

Salz

1 Bund Schnittlauch

besonderes Werkzeug
• Wok

Zeitbedarf
• 25 Minuten

So geht's

1. Den Spargel waschen und putzen (siehe Seite 19), leicht schräg in knapp 1 cm dicke Scheiben schneiden. Die Radieschen waschen und putzen, zarte Blättchen beiseitelegen. Die Radieschen vierteln. Die Zwiebel schälen, vierteln und in etwa ½ cm breite Streifen schneiden. Den Knoblauch schälen und in dünne Scheiben teilen. Die Chilischoten waschen und den Stiel abschneiden. Die Schoten mit den Kernen in Ringe schneiden.

2. Den Wok erhitzen, das Öl darin heiß werden lassen. Den Spargel einrühren und bei mittlerer Hitze etwa 2 Minuten braten. Die Radieschen, die Zwiebel und die Chiliringe untermischen und alles unter Rühren weitere 2–3 Minuten braten, bis das Gemüse bissfest ist.

3. Den Knoblauch und die Radieschenblätter zugeben und ganz kurz mitgaren. Die Sahne angießen und das Gemüse mit Zitronensaft und Salz abschmecken.

4. Den Schnittlauch waschen und trocken schütteln, in etwa 1 cm lange Stücke schneiden und aufstreuen.

Mit Reis oder Bulgur servieren.

SO SCHMECKT'S AUCH Statt der Sahne 100 ml Gemüsefond mit 2 EL Sojasauce, 1 EL trockenem Sherry, 1 EL Reisessig oder Limettensaft und 1 TL Honig verrühren und als Sauce angießen.

SPARGELSALAT
mit Erdbeeren

MAIRÜBCHEN
glasiert

Zutaten für 4 Portionen

je 500 g weißer und grüner Spargel	2 TL flüssiger Honig
Salz	1 TL mittelscharfer Senf
1 Bund Frühlings- zwiebeln	Pfeffer aus der Mühle
250 g Erdbeeren	3 EL neutrales Öl
2 EL Pinienkerne	1 EL Kürbiskernöl
2 EL Balsamico bianco oder milder Obstessig	**Zeitbedarf** • 35 Minuten

Zutaten für 4 Portionen

600 g kleine zarte Mairübchen	1 Handvoll Kerbel oder 1 Bund Schnittlauch
2 EL Butter	1 TL Zitronensaft
1 gestr. EL Puder- zucker	**Zeitbedarf** • 20 Minuten
⅛ l trockener Weiß- wein, Cidre oder Gemüsefond	
Salz, Pfeffer aus der Mühle	

So geht's

1. Den Spargel nach Sorten getrennt waschen und putzen. Reichlich Wasser zum Kochen bringen und salzen. Den weißen Spargel einlegen und etwa 6 Minuten kochen lassen. Dann den grünen Spargel dazugeben und alles weitere 5 – 6 Mi- nuten kochen, bis der Spargel bissfest ist.

2. Spargel aus dem Wasser heben und kalt ab- schrecken. Die Frühlingszwiebeln putzen, waschen und in 2 cm lange Stücke schneiden. 1 – 2 Minuten im Spargelwasser kochen, dann ebenfalls abschrecken und abtropfen lassen.

3. Die Erdbeeren waschen, entkelchen und vier- teln. Die Pinienkerne in einer Pfanne ohne Fett bei mittlerer Hitze unter Rühren goldgelb rös- ten, herausnehmen. Den Essig mit dem Honig, dem Senf, Salz und Pfeffer gründlich verrühren, die beiden Ölsorten cremig unterschlagen.

4. Den Spargel in etwa 4 cm lange Stücke schnei- den. Spargel, Frühlingswiebeln und Erdbeeren mit der Sauce mischen und abschmecken. Vor dem Servieren die Pinienkerne aufstreuen.

So geht's

1. Die Rübchen putzen, schälen und je nach Größe vierteln oder achteln.

2. Die Butter mit dem Puderzucker in einem weiten Topf bei mittlerer Hitze zerlassen. Die Mai- rübchen dazugeben und unter Rühren etwa 2 Minuten andünsten. Den Wein angießen. Die Rübchen leicht salzen und pfeffern und offen bei schwacher bis mittlerer Hitze etwa 6 Minuten dünsten, bis das Gemüse bissfest und die Flüs- sigkeit fast verkocht ist.

3. Die Kräuter waschen, trocken schütteln, klein schneiden und untermischen. Das Gemüse mit Zitronensaft und eventuell noch etwas Salz und Pfeffer abschmecken.

DIE MAIRÜBCHEN schmecken zu gebratenem Fisch oder zu pochiertem Fleisch.

DAS IST *wirklich* WICHTIG

[a] SPINAT VORBEREITEN Zarten Spinat müssen Sie so oft in stehendem kaltem Wasser durchschwenken, bis das Wasser im Spülbecken sauber bleibt. Nach dem Abtropfen nur die ganz dicken Stiele abknipsen.

[b] NOCKEN FORMEN 1 gehäuften TL von der Spinatmasse abnehmen. Legen Sie einen zweiten Löffel darauf, fahren Sie mit einer leichten Drehung unter die Spinatmasse und streifen sie dabei vom unteren Löffel ab. 2- bis 3-mal wiederholen, bis ein glattes, längliches Klößchen entstanden ist.

[b]

SPINAT-QUARK-NOCKEN
mit Knoblauch-Kerbel-Butter

SAFTIG-ZARTE SPINATNOCKEN MIT EINER KRÄUTERWÜRZIGEN BUTTER –
EIN FEINES VEGETARISCHES ESSEN, DAS GANZ LEICHT GELINGT.

Zutaten für 4 Portionen

Für die Nocken:

700 g Blattspinat

Salz

½ Bio-Zitrone

250 g Quark oder Topfen

50 g frisch geriebener
Bergkäse oder Parmesan

50 g Mehl

2 EL Semmelbrösel

2 Eier (Größe S)

Pfeffer aus der Mühle

Für die Butter:

1 Handvoll Kerbel

2 Frühlingszwiebeln

2 Knoblauchzehen

60 g Butter

Zeitbedarf
• 45 Minuten

So geht's

1. Den Spinat waschen und verlesen, ganz dicke
Stiele abknipsen [→ a]. In einem Topf Wasser zum
Kochen bringen und salzen. Den Spinat darin in
1 – 2 Minuten zusammenfallen lassen. In ein Sieb
gießen, kalt abschrecken und abtropfen lassen.

2. Den Spinat sehr gut ausdrücken und fein hacken.
Die Zitronenhälfte heiß waschen und abtrocknen,
die Schale fein abreiben. Den Quark mit dem
Käse, dem Mehl, den Bröseln und den Eiern
verrühren. Den Spinat und die Zitronenschale
untermischen und alles mit Salz und Pfeffer
abschmecken.

3. In einem weiten Topf Wasser zum Kochen
bringen und salzen. Von der Spinatmasse mit
2 Teelöffeln Nocken abstechen [→ b] und ins
heiße Wasser geben. Bei schwacher Hitze in
etwa 10 Minuten gar ziehen lassen.

4. Inzwischen den Kerbel waschen und trocken
schütteln, grobe Stiele abknipsen, den Kerbel
fein hacken. Die Frühlingszwiebeln putzen und
waschen, mit dem knackigen Grün in feine
Ringe schneiden. Den Knoblauch schälen und
in dünne Scheiben schneiden.

5. Die Butter in einem Pfännchen zerlassen, Knoblauch und Zwiebelringe darin bei schwacher
Hitze andünsten. Die Spinatnocken mit dem
Schaumlöffel aus dem Wasser heben und in vorgewärmte Teller geben. Kerbel unter die Butter
mischen und über den Nocken verteilen.

Die Variante

Pikanter Kräuterspinat
1 kg Spinat waschen, ver-
lesen, abtropfen lassen
und grob hacken. 1 großes
Bund gemischte Kräuter
und 1 Bund Bärlauch
waschen und trocken
schütteln, ohne die groben
Stiele klein schneiden.
Beides in kochendem
Salzwasser in 1 – 2 Minuten
zusammenfallen lassen.
Kalt abschrecken und
abtropfen lassen. 2 Knob-
lauchzehen schälen und
mit 1 gewaschenen Chili-
schote fein hacken. In
einem Topf in 2 EL Olivenöl bei mittlerer Hitze unter
Rühren andünsten, aber
nicht bräunen. Spinat da-
zugeben und heiß werden
lassen. Mit Salz abschme-
cken und servieren. Der
Kräuterspinat passt gut
zu Fleisch, aber auch zu
Kartoffelgnocchi oder
Bratkartoffeln.

DAS IST *wirklich* WICHTIG

[a] GEKONNT AUFBRECHEN Die Erbsenschoten so in die Hand nehmen, dass die „Nähte" nach oben und unten zeigen. Mit Daumen und Zeigefinger etwa in der Mitte der Schoten auf diese Nähte drücken, bis sie aufbrechen.

[b] HERAUSLÖSEN Lösen Sie die beiden Hälften jetzt voneinander und streifen Sie die Erbsen mit den Fingern von den Schotenhälften ab.

AUFBRECHEN UND DIE BEIDEN HÄLFTEN MIT DEN FINGERN AUSEINANDERLÖSEN.

ERBSEN-FRITTATA
mit Rucola

DIE SAFTIG-ZARTE FRITTATA SCHMECKT ALS KLEINES ESSEN,
ALS FEINE VORSPEISE ODER AUF DEM BÜFETT.

Zutaten für 4 Portionen

700 g Erbsen
(in der Schote)

1 rote oder weiße Zwiebel

2 Knoblauchzehen

1 Bund Rucola

4 EL Olivenöl

100 g Frischkäse

½ Bio-Zitrone

8 Eier (Größe M)

Salz, Pfeffer aus der Mühle

Zeitbedarf
• 1 Stunde

So geht's

1. Die Erbsen aus den Schoten lösen [→ a + b]. Die Zwiebel und den Knoblauch schälen und fein hacken. Den Rucola verlesen, waschen, trocken schütteln und grob hacken.

2. In einer Pfanne 2 EL Öl erhitzen. Zwiebel und Erbsen darin unter Rühren bei mittlerer Hitze etwa 5 Minuten braten. Den Knoblauch untermischen und ganz kurz mitdünsten. Die Pfanne vom Herd nehmen.

3. Den Frischkäse mit einer Gabel in kleine Stücke teilen. Die Zitronenhälfte heiß waschen und abtrocknen, die Schale dünn abschneiden und hacken. Die Eier mit Salz und Pfeffer gut verrühren, aber nicht schaumig schlagen. Die Erbsenmischung, Käse, Rucola und Zitronenschale unter die Eier mischen.

4. Das übrige Öl in einer Pfanne erhitzen. Die Eier-Erbsen-Masse hineingießen und bei schwacher bis mittlerer Hitze etwa 15 Minuten braten.

5. Die Frittata mit dem Pfannenwender vom Rand der Pfanne lösen, auf einen Teller gleiten lassen und mit der ungebackenen Seite nach unten zurück in die Pfanne stürzen. Nochmals etwa 5 Minuten backen, bis sie fest und gebräunt ist. Kurz stehen lassen, in Tortenstücke schneiden und servieren.

Die Variante

Erbsen mit Bärlauchbutter
1¼ kg Erbsen (in der Schote) auslösen und in kochendem Salzwasser in 4–5 Minuten bissfest kochen. Abschrecken und abtropfen lassen. 1 Bund Bärlauch waschen, trocken schütteln und fein hacken. 2 Frühlingszwiebeln in Ringen in 50 g Butter andünsten. Bärlauch mit den Erbsen untermischen und erhitzen. Mit Salz, Pfeffer und 2 TL Zitronensaft abschmecken.

BOHNENPÜREE
mit scharfem Gemüse

EIN PÜREE AUS SÜDITALIEN, WO ES AUS GETROCKNETEN BOHNENKERNEN
ZUBEREITET WIRD. MIT FRISCHEN SCHMECKT ES MINDESTENS SO GUT!

Zutaten für 4 Portionen

2 ½ kg dicke Bohnen (in der Schote)

800 g grünes Blattgemüse und Kräuter (z. B. Spinat, Radieschenblätter, zarte Kohlrabiblätter, Löwenzahn und Rucola)

2 getrocknete Chilischoten

2 Knoblauchzehen

Salz

6 EL Olivenöl

Pfeffer aus der Mühle

2 Stängel Petersilie

Zeitbedarf
• 1 ¼ Stunden

So geht's

1. Die dicken Bohnen aus den Schoten lösen und eventuell häuten [→ a]. Das Blattgemüse von allen welken Blättern befreien, waschen und trocken schütteln.

2. Die Chilischoten im Mörser zerstoßen. Den Knoblauch schälen und in feine Scheiben schneiden.

3. Die Bohnen mit ¼ l Wasser und Salz in einem Topf zum Kochen bringen und zugedeckt bei schwacher Hitze in etwa 10 Minuten gut weich kochen.

4. Inzwischen für das Gemüse in einem großen Topf Wasser zum Kochen bringen und salzen. Das Gemüse darin in 1–2 Minuten zusammenfallen lassen, kalt abschrecken und gut abtropfen lassen.

5. In einer Pfanne 2 EL Öl erhitzen. Knoblauch und Chili darin bei schwacher Hitze andünsten, aber nicht braun werden lassen. Gemüse dazugeben und erhitzen, mit Salz würzen.

6. Die Bohnen im Topf mit der Garflüssigkeit pürieren und das übrige Öl unterrühren. Das Püree mit Salz und Pfeffer abschmecken. Die Petersilie waschen, trocken schütteln und klein schneiden.

7. Das Püree in tiefe Teller füllen, etwas Gemüse darüber verteilen und mit Petersilie bestreuen. Gleich servieren.

Dazu noch etwas Olivenöl auf den Tisch stellen und knuspriges Weißbrot servieren.

DAS IST *wirklich* WICHTIG

[a] DICKE BOHNEN SCHÄLEN Dicke Bohnen wie Erbsen aus den Schoten lösen (siehe Seite 26). Ganz junge dicke Bohnen sind kräftig grün und können so gegart werden. Etwas ältere bilden um den Kern eine weißliche Haut aus, die entfernt werden muss. Blanchieren Sie die Bohnen 1–2 Minuten in kochendem Wasser und schrecken sie kalt ab. Dann aus den Häutchen drücken.

[a]

DICKE-BOHNEN-SALAT
mit Kohlrabi und Feta

AROMATISCHE GEMÜSE, FRISCHE KRÄUTER UND WÜRZIGER KÄSE – EIN FEINER IMBISS, DER MIT KNUSPRIGEM BROT ODER AUCH MAL MIT PELLKARTOFFELN SCHMECKT.

Zutaten für 4 Portionen

1 kg dicke Bohnen (in der Schote, ersatzweise Erbsen)

2 zarte Kohlrabi

Salz

4 Frühlingszwiebeln

8 Radieschen

½ Bio-Zitrone

1 Handvoll Kerbel oder Bärlauch

100 g Feta (Schafskäse)

1 TL Honigsenf

Pfeffer aus der Mühle

4 EL Olivenöl

Zeitbedarf
· 40 Minuten

So geht's

1. Die dicken Bohnen aus den Schoten lösen und falls nötig häuten (siehe Seite 29). Die Kohlrabi schälen und erst in knapp 1 cm dicke Scheiben, dann in ebenso dicke Stifte schneiden.

2. In einem Topf Wasser zum Kochen bringen und salzen. Bohnen darin in 5 – 6 Minuten bissfest kochen. Herausheben, kurz kalt abschrecken und abtropfen lassen. Die Kohlrabistifte im Kochwasser in etwa 4 Minuten bissfest kochen, abschrecken und abtropfen lassen. Vom Kochwasser etwa 4 EL aufheben.

3. Die Frühlingszwiebeln putzen, waschen und mit dem knackigen Grün in feine Ringe schneiden. Die Radieschen waschen und in dünne Scheiben oder Stifte schneiden.

4. Die Zitronenhälfte heiß waschen und abtrocknen, die Schale fein abreiben, den Saft auspressen. Die Kräuter waschen und trocken schütteln, falls nötig von den Stielen befreien und fein schneiden. Den Feta abtropfen lassen und in kleine Stücke zerkrümeln.

5. Den Zitronensaft und die Schale mit dem Senf, dem Kochwasser, Salz und Pfeffer verrühren, das Öl unterschlagen. Das Gemüse, die Zwiebelringe und die Radieschen mit der Sauce mischen und abschmecken. Auf Teller verteilen und mit dem Feta bestreuen.

SO SCHMECKT'S AUCH Versuchen Sie auch einmal nur dicke Bohnen mit jungem Pecorino und Rucola als Salat. Kohlrabi, Radieschen und Kerbel weglassen, die Sauce wie beschrieben anrühren und mit den gegarten dicken Bohnen, dem Pecorino in kleinen Würfeln und dem grob gehackten Rucola mischen.
Zu beiden Salaten schmeckt übrigens Fladenbrot – am besten knusprig aufgebacken!

BANDNUDELN
mit Käsespinat

EIN SCHNELLES NUDELGERICHT, DAS MIT DEM ZARTEN FRÜHLINGSSPINAT
BESONDERS GUT SCHMECKT. BINDUNG UND VIEL GESCHMACK BRINGT DER KÄSE.

Zutaten für 4 Portionen

1 kg Blattspinat

1 Bio-Zitrone

2 Knoblauchzehen

150 g Edelpilzkäse

Salz

400 g Tagliatelle oder andere
lange Nudeln

1 EL Butter

Pfeffer aus der Mühle

Zeitbedarf
• 25 Minuten

So geht's

1. Den Spinat waschen, verlesen und trocken schütteln. Die Zitrone
heiß waschen und abtrocknen, die Schale fein abreiben. Den
Knoblauch schälen und in feine Scheiben schneiden. Diese nach
Belieben grob hacken. Den Käse klein würfeln.

2. Für die Nudeln und für den Spinat in zwei Töpfen Wasser zum
Kochen bringen und salzen. In einen Topf die Nudeln geben und
in etwa 8 Minuten bissfest kochen (Packungsaufschrift beachten
und zwischendurch eine Nudel probieren). Im anderen Topf den
Spinat 1–2 Minuten sprudelnd kochen und zusammenfallen lassen.

3. Den Spinat in ein Sieb abgießen, kurz kalt abschrecken und abtropfen lassen. Die Butter in einem Topf zerlassen. Den Knoblauch darin andünsten. Spinat, Käse und Zitronenschale zugeben
und bei schwacher Hitze erwärmen, bis der Käse schmilzt. Mit
Salz und Pfeffer würzen.

4. Die Nudeln abgießen und untermischen. Abschmecken und in
vorgewärmten Tellern servieren.

SO SCHMECKT'S AUCH Statt Spinat können Sie für die Sauce im Winter
auch einmal Endiviensalat nehmen. Im Sommer schmeckt sie mit knacki-
gem Romanasalat in dünnen Streifen.

KRÄUTERRAVIOLI
mit Gemüsebutter

ZARTER NUDELTEIG MIT FEINER FÜLLUNG – EIN TOLLES GÄSTEESSEN, DAS
ALLE GLÜCKLICH MACHT UND SICH AUSSERDEM SUPER VORBEREITEN LÄSST.

Zutaten für 4 – 6 Portionen

Für den Nudelteig:

300 g Mehl

3 Eier (Größe L)

1 EL Olivenöl

1 TL Salz

Für die Füllung und zum Servieren:

1 großes Bund gemischte Kräuter
(z. B. für grüne Sauce)

1 Bund Bärlauch

4 Frühlingszwiebeln

300 g Frischkäse

1 Ei (Größe M)

80 g frisch geriebener Parmesan
+ Parmesan zum Servieren

Salz, Pfeffer aus der Mühle

1 kleiner Kohlrabi

2 zarte Möhren

100 g Butter

Zeitbedarf
• 1 ¾ Stunden

So geht's

1. Das Mehl mit den Eiern, dem Öl und dem Salz zu einem glatten, geschmeidigen Teig kneten. Er soll elastisch sein, darf aber nicht an den Fingern kleben. Den Teig zu einer Kugel formen, in ein Küchentuch wickeln und bei Zimmertemperatur etwa 30 Minuten ruhen lassen.

2. Inzwischen für die Füllung die Kräuter und den Bärlauch waschen und trocken schütteln. Die Blättchen abzupfen und sehr fein hacken. 2 Frühlingszwiebeln putzen, waschen und mit dem knackigen Grün sehr fein schneiden. Den Frischkäse mit dem Ei, dem Parmesan, den Kräutern und den Frühlingszwiebeln verrühren und mit Salz und Pfeffer abschmecken.

3. Den Nudelteig zu dünnen Platten ausrollen, mit der Füllung belegen und mit den übrigen Teigplatten bedecken [→ a + b]. Mit dem Teigrad oder einem Messer Ravioli ausschneiden. Die Ränder eventuell verschließen.

4. Den Kohlrabi und die Möhren schälen, die übrigen Frühlingszwiebeln putzen und waschen. Das Gemüse in sehr feine Streifen schneiden und in kochendem Salzwasser 1 Minute garen. Kalt abschrecken und abtropfen lassen.

5. Die Ravioli in kochendem Salzwasser in etwa 3 Minuten bissfest kochen.

6. Gleichzeitig die Butter zerlassen und leicht braun werden lassen. Die Gemüsestreifen untermischen und mit Salz und Pfeffer würzen.

7. Die Ravioli mit einem Schaumlöffel aus dem Wasser heben, abtropfen lassen und auf vorgewärmte Teller verteilen. Die Gemüsebutter darübergeben und Parmesan nach Belieben aufstreuen.

DAS IST *wirklich* WICHTIG

[a] TEIGPLATTEN BELEGEN Den Teig in der Nudelmaschine zu dünnen Platten ausrollen. Setzen Sie auf die Hälfte der Teigplatten mit einem Abstand von 4–5 cm jeweils 1 TL Füllung.

[b] ZUSAMMENKLAPPEN Die übrigen Teigplatten locker auf die Füllung legen, die beiden Teigplatten zwischen der Füllung jeweils mit den Fingern zusammendrücken. Ravioli mit dem Messer in Quadrate schneiden oder mit dem Teigrädchen rollen. Wenn Sie die Ravioli mit dem Messer geschnitten haben, die Ränder mit den Zinken einer Gabel zusammendrücken.

[a]

[b]

DICKFLÜSSIG LÄUFT DIE PERFEKT GESCHLAGENE HOLLANDAISE VOM SCHNEEBESEN.

DAS IST *wirklich* WICHTIG

[a] MAIRÜBCHEN VORBEREITEN

Wirklich zarte kleine Mairübchen müssen Sie nur gründlich unter fließendem Wasser abbürsten und die Blätter sowie den Wurzelansatz abschneiden. Etwas größere Rübchen besser dünn schälen.

[b] HOLLANDAISE ZUBEREITEN

Die Eigelbe in eine Edelstahlschüssel füllen, über das heiße Wasserbad setzen und mit dem Schneebesen hell und schaumig schlagen. Den Topf vom Herd ziehen, die Butter erst tropfenweise unterschlagen, bis die Masse anfängt dicklich zu werden. Dann die übrige Butter unter ständigem Schlagen in einem dünnen Strahl einfließen lassen. Die Sauce ist fertig, wenn sie dick und schaumig ist.

[b]

POCHIERTES KALBSFILET
mit Frühlingsgemüse und Kerbel-Hollandaise

ZARTES FLEISCH UND GEMÜSE MIT EINER CREMIGEN,
GEHALTVOLLEN SAUCE – FRÜHLINGSKÜCHE VOM FEINSTEN.

Zutaten für 4 Portionen

Für Fleisch und Gemüse:

600 g Kalbsfilet am Stück

8 junge zarte Möhren

8 kleine Mairübchen

4 Frühlingszwiebeln

nach Belieben 8 Stangen grüner Spargel

1 Bio-Zitrone

1 l Gemüsebrühe

2 Lorbeerblätter

Für die Kerbel-Hollandaise:

125 g Butter

2 sehr frische Eigelb

1 Handvoll Kerbel

1 TL Zitronensaft

Salz, Pfeffer aus der Mühle

Zeitbedarf
• 40 Minuten

So geht's

1. Das Kalbsfilet in etwa 1 ½ cm dicke Scheiben schneiden. Die Möhren sauber bürsten oder schälen. Das Grün etwa 1 cm dranlassen. Die Mairübchen vorbereiten und vierteln [→ a]. Die Frühlingszwiebeln putzen, waschen und ganz lassen. Nach Belieben den Spargel waschen und die holzigen Enden abschneiden (siehe Seite 19).

2. Die Zitrone heiß waschen, abtrocknen und in dünne Scheiben schneiden. Die Brühe mit den Zitronenscheiben und den Lorbeerblättern erhitzen.

3. Das Gemüse in die Brühe geben und etwa 5 Minuten darin kochen. Dann die Fleischscheiben dazugeben und in etwa 4 Minuten gar ziehen lassen, die Flüssigkeit soll nicht kochen.

4. Inzwischen für die Hollandaise die Butter bei schwacher Hitze zerlassen, aber nicht braun werden lassen. Die Eigelbe cremig schlagen und die geschmolzene Butter nach und nach unterrühren [→ b]. Den Kerbel waschen, trocken schütteln und fein hacken. Die Sauce mit Zitronensaft, Salz und Pfeffer abschmecken. Zum Schluss den Kerbel untermischen.

5. Fleisch und Gemüse aus der Brühe heben und auf vorgewärmte Teller verteilen. Etwas Brühe darübergeben und die Sauce extra dazureichen.

Dazu passen Kartoffeln oder knuspriges Weißbrot.

Die Variante

Radieschenvinaigrette
Statt der Hollandaise eine Radieschenvinaigrette zubereiten: ½ Bund Radieschen waschen und zuerst in dünne Scheiben, dann in Stifte schneiden. 1 Bund Schnittlauch waschen, trocken schütteln und in Röllchen schneiden. 3 EL hellen Essig mit 5 EL Kochbrühe, je 1 TL scharfem und süßem Senf, Salz und Pfeffer verrühren. 5 EL Öl unterschlagen. Radieschen und Schnittlauch untermischen. Die Vinaigrette zu Fleisch und Gemüse servieren.

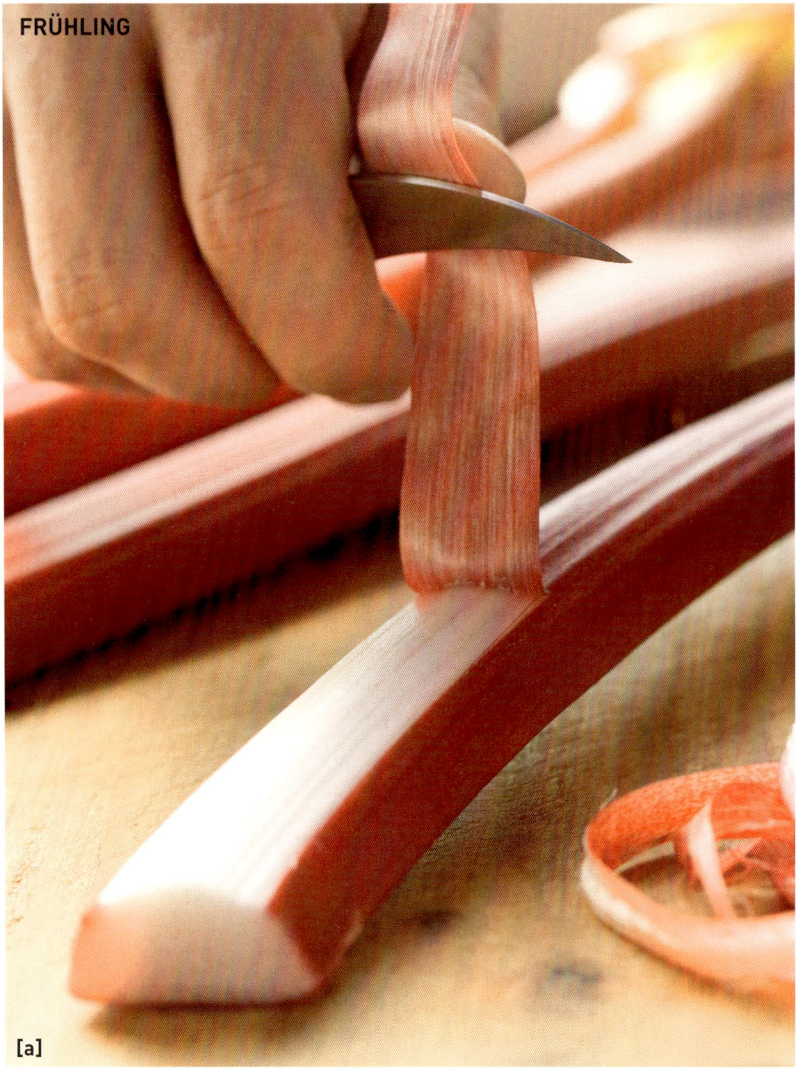
[a]

DAS IST *wirklich* WICHTIG

[a] RHABARBER PUTZEN Ganz junger Rhabarber ist noch so zart, dass Sie nur die beiden Enden abschneiden müssen. Falls sich dabei Fäden lösen, einfach abziehen. Ist die Haut schon dicker, wird sie komplett abgezogen. Rhabarber in Scheiben schneiden.

[b] RHABARBER GAREN Der würzige Rhabarber ist gar, wenn er fast zerfallen ist und die Mischung dickflüssig wird.

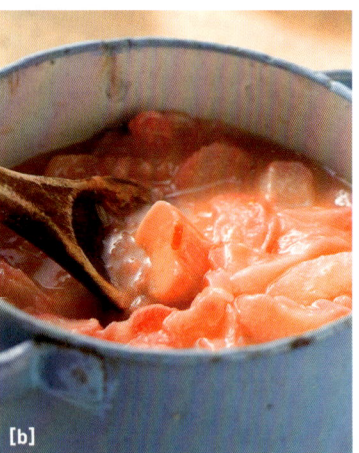

[b]

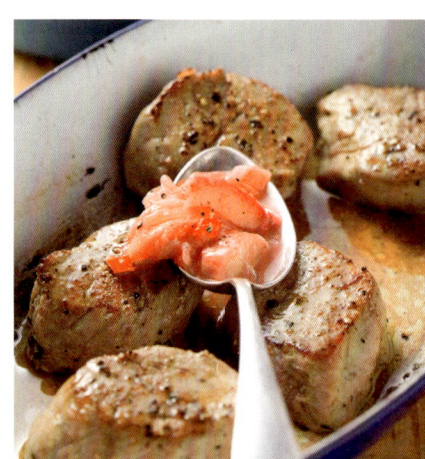

SCHWEINEMEDAILLONS
mit Chili-Rhabarber

DER SÄUERLICH-AROMATISCHE RHABARBER MIT CHILISCHÄRFE PASST EINFACH PERFEKT ZUM KRÄFTIGEN SCHWEINEFLEISCH.

Zutaten für 4 Portionen

Für den Rhabarber:

400 g Rhabarber

1 Zwiebel

2 Knoblauchzehen

1–2 Chilischoten (je nach Größe und Schärfe)

1 EL Butter

2 EL brauner Zucker

Salz

Für die Medaillons:

600 g Schweinemedaillons (aus Filet oder Lende, je etwa 2 cm dick)

Salz, Pfeffer aus der Mühle

je 1 EL Butter und Öl

Zeitbedarf
• 45 Minuten

So geht's

1. Den Rhabarber waschen, putzen **[→ a]** und in dünne Scheiben schneiden. Die Zwiebel schälen, vierteln und in schmale Streifen schneiden. Den Knoblauch schälen und fein hacken. Die Chilischoten waschen und den Stiel abschneiden. Die Schoten mit den Kernen fein hacken.

2. Die Butter und den Zucker in einem Topf bei mittlerer Hitze unter Rühren erwärmen, bis sich der Zucker auflöst. Rhabarber, Zwiebel, Knoblauch und Chili dazugeben und unter Rühren ein paar Minuten andünsten. 75 ml Wasser dazugießen und den Rhabarber bei schwacher Hitze zugedeckt etwa 5 Minuten schmoren **[→ b]**. Salzen und lauwarm abkühlen lassen.

3. Die Schweinemedaillons mit Salz und Pfeffer würzen. In einer großen Pfanne Butter und Öl erhitzen. Die Medaillons auf beiden Seiten kurz anbraten, dann bei mittlerer Hitze in 6 – 7 Minuten fertig braten, dabei einmal wenden. Mit dem Chili-Rhabarber servieren.

Dazu schmecken gekochter weißer Spargel und neue Kartoffeln am besten.

Die Variante

Erdbeerpesto
100 g vollreife aromatische Erdbeeren waschen, entkelchen und grob würfeln. Mit 50 g gehackten Pistazien- oder Pinienkernen, 2 EL Olivenöl und 1 TL Honig fein pürieren. 2 EL frisch geriebenen Parmesan und 1 EL fein gehackten Bärlauch oder Rucola untermischen. Das Pesto mit Salz und Pfeffer abschmecken. Es passt gut zu Schweinefleisch, Geflügel und zu gebratenem oder gegrilltem Fisch, z. B. Lachs oder Makrele. Ebenfalls fein zu weißem oder grünem Spargel.

RHABARBER-ERDBEER-CHUTNEY
mit Chili

Zutaten für 4 Portionen

100 g getrocknete Feigen

500 g Rhabarber

250 g Erdbeeren

2 Zwiebeln

2 Knoblauchzehen

1 Stück Ingwer (etwa 3 cm)

2 Chilischoten

1 Bio-Zitrone

150 g Zucker

Salz

1 TL frische grüne Pfefferkörner (ersatzweise aus dem Glas)

1 TL Korianderkörner

1 Stück Zimtstange

Zeitbedarf
• 1 Stunde

So geht's

1. Die Feigen in kleine Würfel schneiden. Den Rhabarber waschen, putzen und in Scheiben schneiden. Die Erdbeeren waschen, entkelchen und klein würfeln. Die Zwiebeln, den Knoblauch und den Ingwer schälen und fein hacken. Die Chilischoten waschen und den Stiel abschneiden. Die Schoten mit den Kernen in feine Ringe schneiden.

2. Die Zitrone heiß waschen und abtrocknen, die Schale dünn (ohne das Weiße) abschneiden und den Saft auspressen. Zitronensaft und -schale mit den Früchten, Zwiebeln, Knoblauch, Ingwer, Chilis und Zucker in einem Topf gut mischen. 100 ml Wasser und 1 TL Salz dazugeben.

3. Die Pfefferkörner waschen. Die Korianderkörner im Mörser leicht andrücken, beides mit der Zimtstange in den Topf geben und unter Rühren langsam zum Kochen bringen.

4. Das Chutney bei schwacher Hitze offen etwa 20 Minuten köcheln lassen, bis es dickflüssig und der Rhabarber zerfallen ist. Mit Salz abschmecken. Entweder abkühlen lassen und dann servieren. Oder für den Vorrat ganz heiß in saubere Gläser mit Twist-off-Deckeln füllen und gleich verschließen.

TIPP Chutneys schmecken zu allen indischen Gerichten, aber auch zu gegrilltem Fleisch oder Fisch sehr gut. Versuchen Sie dieses Chutney einmal zu einer gegrillten Makrele oder gebratenen oder gegrillten Lammkoteletts!

RHABARBER-
Cantuccini-Schichtdessert

Zutaten für 4 Portionen

500 g Rhabarber	**Zeitbedarf**
80 g Zucker	• 40 Minuten +
100 g Sahne	mindestens 4 Stunden
250 g Quark	kühlen
2 Päckchen Vanille-zucker	
1 Msp. abgeriebene Bio-Zitronenschale	
150 g Cantuccini (ital. Mandelkekse)	

So geht's

1. Den Rhabarber waschen, putzen und in dünne Scheiben schneiden. Mit dem Zucker und ⅛ l Wasser in einem Topf einmal aufkochen und zugedeckt bei schwacher Hitze etwa 5 Minuten köcheln lassen.

2. Den Rhabarber abkühlen lassen. Inzwischen die Sahne halbsteif schlagen. Den Quark mit dem Vanillezucker und der Zitronenschale verrühren und die Sahne unterheben. Die Cantuccini einmal längs durchschneiden.

3. Vier Dessertschälchen oder weite Gläser mit einer Schicht Cantuccini auslegen. Eine Schicht Rhabarber daraufgeben, dann Quarkcreme und wieder Cantuccini einfüllen. So weiter schichten, bis alle Zutaten verbraucht sind. Die letzte Schicht sollte Quarkcreme sein.

4. Das Dessert mindestens 4 Stunden im Kühlschrank durchziehen lassen.

ERDBEEREN
mit Balsamico-Sirup

Zutaten für 4 Portionen

100 ml Aceto balsamico	**Zeitbedarf**
150 ml fruchtiger Weißwein oder Traubensaft	• 25 Minuten
50 g Zucker	
500 g Erdbeeren	
2 Stängel frische Minze	
4 Kugeln Vanilleeis	

So geht's

1. Den Balsamico mit dem Wein oder dem Saft und dem Zucker in einem Topf zum Kochen bringen und bei starker Hitze offen in etwa 10 Minuten dickflüssig einkochen lassen. Nicht zu dick werden lassen, beim Abkühlen wird der Sirup noch fester. Abkühlen lassen.

2. Die Erdbeeren vorsichtig waschen und abtropfen lassen. Die Kelchblätter abzupfen oder herausschneiden und die Erdbeeren vierteln. Die Minze waschen und trocken schütteln, die Blättchen abzupfen und in feine Streifen schneiden.

3. Die Erdbeeren mit der Minze und dem Sirup mischen und auf Dessertschälchen verteilen. Mit je 1 Kugel Vanilleeis anrichten und gleich servieren.

TIPP Wer mag, garniert das Dessert noch mit etwas halb steif geschlagener Sahne.

SOMMER

opulent

SELTEN LEUCHTEN DIE GEMÜSE SO BUNT WIE IM SOMMER – VON TOMATEN ÜBER PAPRIKA, ZUCCHINI, KNACKIGE SALATE BIS HIN ZU FRISCHEN KRÄUTERN. JETZT WIRD AUS DEM VOLLEN GESCHÖPFT!

SOMMERGEMÜSE
kennenlernen & zubereiten

ARTISCHOCKEN

Das ist wichtig Artischocken müssen frisch sein. Im Gemüsefach kann man sie nur wenige Tage aufheben.

Das kann man damit machen Die großen kugeligen Artischocken immer in reichlich Wasser mit Salz und Zitronensaft kochen. Mit Dips und Saucen zum Tunken servieren.

AUBERGINEN

Das ist wichtig Auberginen können wie alle anderen Nachtschattengewächse Solanin enthalten, das sich allerdings beim Garen zum größten Teil abbaut. Wegen des Solanins und weil sie roh schlecht verträglich sind, sollten Sie Auberginen immer garen.

Das Einsalzen der Scheiben ist unnötig. Es stammt noch aus Zeiten, als Auberginen leicht bitter waren; die Bitterstoffe konnte man ihnen durch Salz entziehen.

Glänzende Auberginen bei Zimmertemperatur lagern, matte sind schon reifer, besser kühl aufheben.

Das kann man damit machen Schmoren, braten oder grillen: etwa 10 Minuten unter den heißen Grillschlangen (mit etwa 10 cm Abstand) grillen, dabei einmal wenden.

BLUMENKOHL UND BROKKOLI

Das ist wichtig Blumenkohl und Brokkoli nur wenige Tage im Gemüsefach lagern.

Wollen Sie Blumenkohl im Ganzen garen, legen Sie ihn mit dem Kopf nach unten etwa 10 Minuten in Essigwasser, um eventuell vorhandenes Ungeziefer hervorzulocken.

Das kann man damit machen Roh in winzigen Röschen oder Scheiben mit Vinaigrette essen, kochen und als Salat anmachen, z. B. mit Käsewürfeln bestreut. Kochen und zur Suppe pürieren. Kochen und überbacken. Im Wok braten, als Curry schmoren. In Teig frittieren.

FENCHEL

Das ist wichtig Das zarte Grün hat viele Vitamine, immer zum Schluss unter das Gericht mischen. Fenchel im Gemüsefach bis zu einer Woche lagern.

Das kann man damit machen Roh als Salat essen, kochen, dämpfen, dünsten oder braten; dafür in knapp 1 cm dicke Scheiben schneiden und in 1 EL Olivenöl unter Wenden bei mittlerer Hitze etwa 8 Minuten braten, würzen.

GEMÜSEMAIS

Das ist wichtig Lagern lassen sich die Kolben mit Hüllblättern im Kühlschrank mindestens eine Woche.

Das kann man damit machen Ganze Kolben grillen oder 20 Minuten in Salzwasser kochen. Oder die Körner abschneiden und zugedeckt in etwa 5 Minuten bissfest dünsten.

GRÜNE BOHNEN

Das ist wichtig Bohnen müssen immer gekocht werden, sie sind roh sogar giftig. Je nachdem, wie frisch sie sind, dauert das 8–12 Minuten. Bohnen in der Plastiktüte 3–4 Tage im Gemüsefach lagern.

Das kann man damit machen Kochen und als Salat anmachen. Oder mit Butter und Knoblauch mischen und mit Zitronensaft abschmecken. Oder mit kurz erwärmten klein gehackten Tomaten verrühren und mit Basilikum bestreuen.

GURKEN

Das ist wichtig Gurken für Salat nur waschen und nicht schälen, direkt unter der Schale sitzen besonders viele Vitamine. Im Kühlschrank bis zu einer Woche lagern.

Das kann man damit machen Roh als Salat zubereiten, z. B. mit Sahnesauce. Auch gut: dünsten oder schmoren, z. B. mit Tomaten oder mit Sahne und Currypulver.

MANGOLD

Das ist wichtig Liegt als Stielmangold mit relativ breiten weißen Stielen und weniger Blattanteil oder als Schnitt- oder Blattmangold mit größeren Blättern und roten oder gelben Stielen in der Kiste. Stielmangold ist robuster und etwas länger haltbar. In einem Gefrierbeutel im Gemüsefach des Kühlschranks wenige Tage aufbewahren.

Das kann man damit machen Stiele 4 Minuten, Blätter 2 Minuten blanchieren, kalt abschrecken und abtropfen lassen. Als lauwarmen Salat servieren oder in einer würzigen Butter, z.B. mit Knoblauch und etwas Chili erwärmen.

PAPRIKASCHOTEN

Das ist wichtig Rote und gelbe Schoten werden reif geerntet und haben mehr Vitamin C als die grünen, die noch leicht unreif sind. Gehäutet sind die Schoten besser verträglich, bei grünen geht das aber schlecht. Im Gemüsefach des Kühlschranks ein paar Tage lagern.

Das kann man damit machen Paprika schmecken roh, gebraten, gegrillt und gedünstet.

RONDINI

Das ist wichtig Anders als runde Zucchini (die ihnen sehr ähnlich sehen, aber meist etwas heller sind) haben sie eine harte Schale wie ein Kürbis, die man nicht mitessen kann. Rondini lassen sich im Gemüsefach des Kühlschranks 1–2 Wochen lagern.

Das kann man damit machen In kochendem Wasser 15 Minuten kochen, halbieren und die Kerne mit einem Löffel entfernen. Das Fruchtfleisch mit Butter und/oder Käse garnieren, würzen und auslöffeln.

SPITZKOHL

Das ist wichtig Der erste Kohl im Jahr hat lockere Blätter und ist nicht so lange haltbar wie spätere Sorten: im Gemüsefach des Kühlschranks 1–2 Wochen.

Das kann man damit machen Roh als Salat anmachen, braten, dünsten oder zu Röllchen verarbeiten. Auch gut im Wok, z.B. mit Chili, Ingwer und frischem Koriander.

STAUDENSELLERIE

Das ist wichtig Hellgrüne Blätter immer mitgaren oder vor dem Servieren aufstreuen. Sellerie im Gemüsefach höchstens 1 Woche lagern.

Das kann man damit machen Roh essen im Salat oder mit einem Dip, in Suppen und Eintöpfen oder in Wokgerichten. Fein auch überbacken als Beilage: 500 g Staudensellerie 2 Minuten blanchieren, abgetropft in eine Auflaufform legen. Aus 1 EL Butter, 1 EL Mehl und ½ l Milch eine Béchamel kochen, mit 100 g geriebenem Käse mischen. Über dem Sellerie verteilen, bei 220 °C etwa 20 Minuten backen.

TOMATEN

Das ist wichtig Immer bei Zimmertemperatur
lagern, im Kühlschrank verlieren sie Aroma.
Feste Tomaten als Salat essen, weiche zum
Garen verwenden. Grüne Stielansätze herausschneiden, sie enthalten Solanin.

Das kann man damit machen Roh als Salat
essen, fein mit Basilikum und milden Zwiebelstreifen. Mit Mozzarella oder Feta anrichten,
mit Olivenöl beträufeln. Zur Sauce kochen. Im
Ofen backen: Olivenöl mit gehackten Kräutern
mischen, mit Salz, Pfeffer und ½ TL Zucker
würzen und auf den halbierten Tomaten verteilen. Im Ofen bei 180 °C etwa 30 Minuten
backen. Gut zu Nudeln oder Gnocchi.

ZUCCHINI

Das ist wichtig Im Gemüsefach des Kühlschranks bis zu 1 Woche lagern.

Das kann man damit machen Zucchini schmecken roh super: raspeln und mit Zitronensaft,
Salz, Pfeffer und Olivenöl anmachen. Mit
gerösteten Pinienkernen und Parmesanspänen
bestreuen. Ansonsten braten oder grillen.

SAUCEN FÜR SOMMER-SALATE

Salat hat im Sommer Hauptsaison und ist jede
Woche in der Biokiste. Deshalb hier ein paar
tolle Salatsaucen.

KRÄUTER-SAHNE-SAUCE

2 EL Zitronensaft oder milden Weißweinessig
mit 4 EL saurer und 1 EL süßer Sahne, 2 TL
süßem Senf und 2 TL Öl verrühren und mit
Salz und Pfeffer abschmecken. 2 EL fein gehackte Kräuter (Dill, Schnittlauch, Basilikum
oder/und Kresse) untermischen.

Zu Gurken (nur mit Dill), zu Rettichrohkost
(mit Schnittlauch oder Kresse), zu gemischten
Blattsalaten (mit gemischten Kräutern oder
Basilikum).

TOMATEN-KÄSE-SAUCE

50 g Edelpilzkäse mit einer Gabel zerdrücken
und mit 100 g saurer Sahne, 1 EL Olivenöl
und 1 EL Essig oder Zitronensaft verrühren.
1 Tomate waschen, halbieren und das Fruchtfleisch mit leichtem Druck auf der Rohkost-
reibe von der Schale abreiben, untermischen.
Mit Salz und Pfeffer würzen.

Zu Blatt- oder gemischtem Salat.

ZITRONENÖL

Die Schale von 1 gewaschenen Bio-Zitrone fein
abreiben. 2 EL Zitronensaft mit Salz, Pfeffer
und der Zitronenschale verrühren. 6 EL Öl zu
einer cremigen Sauce unterschlagen.

Zu Blattsalat und zu rohem Gemüse wie
Zucchini oder Fenchel, aber auch zu gegrilltem
und gebratenem Gemüse.

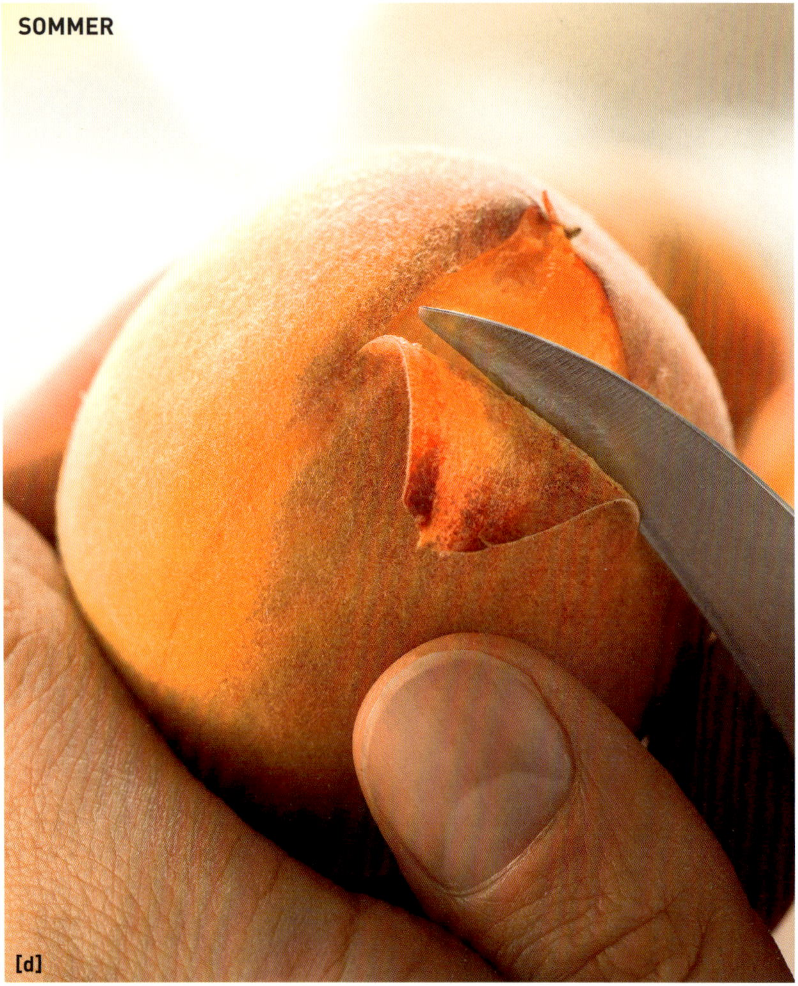

[d]

DAS IST *wirklich* WICHTIG

[a] BOHNEN PUTZEN Die Bohnen kalt abbrausen und beide Enden abschneiden. Falls sich dabei an einer oder beiden Seiten Fäden lösen, ziehen Sie diese einfach ab.

[b] BREITE BOHNEN VORBEREITEN Breite Bohnen genauso putzen, dann aber zusätzlich leicht schräg in 3 – 4 cm lange Stücke schneiden.

[c] KALT ABSCHRECKEN Damit die Bohnen nicht weitergaren und schön grün bleiben, schütten Sie sie in ein Sieb ab und lassen reichlich kaltes Wasser darüberlaufen.

[d] PFIRSICHE HÄUTEN Sind sie reif, lässt sich die Haut ganz leicht lösen. Schneiden Sie zur Probe die Haut des Pfirsichs ein und versuchen Sie sie abzuziehen. Geht das nicht, müssen die Pfirsiche wie Tomaten mit kochendem Wasser überbrüht werden. Dann kalt abschrecken und die Haut abziehen.

BOHNEN-PFIRSICH-SALAT
mit gegrilltem Ziegenkäse

AROMATISCH-FRUCHTIGE KOMBINATION FÜR HEISSE SOMMERTAGE –
ALS FEINE VORSPEISE ODER GANZ BESONDERE BEILAGE.

Zutaten für 4 Portionen

500 g Stangenbohnen
oder breite Bohnen

6 – 8 Zweige Bohnenkraut

Salz

3 Frühlingszwiebeln
(oder 1 milde weiße
Zwiebel)

½ Bio-Zitrone

1 TL scharfer Senf

5 EL Olivenöl

Pfeffer aus der Mühle

2 Pfirsiche

4 Scheiben Ziegenkäse-
rolle (je knapp 1 cm dick)
oder 4 kleine Ziegenkäse

2 TL flüssiger Honig

Zeitbedarf

• 35 Minuten

So geht's

1. Die Bohnen waschen und putzen [→ a]. Lange Bohnen halbieren oder dritteln, breite Bohnen kleiner schneiden [→ b].

2. Das Bohnenkraut waschen und mit reichlich Wasser in einem Topf zum Kochen bringen. Salz dazugeben und die Bohnen im kochenden Salzwasser in 8 – 12 Minuten bissfest kochen.

3. Bohnen abgießen, abschrecken [→ c] und abtropfen lassen. Frühlingszwiebeln putzen, waschen und mit dem Grün in feine Ringe schneiden. Die Zitronenhälfte heiß waschen und abtrocknen, Schale fein abreiben, Saft auspressen.

4. Etwa 2 EL Zitronensaft mit der Zitronenschale, dem Senf und 4 EL Olivenöl verrühren, salzen und pfeffern. Bohnen und Zwiebelringe untermischen.

5. Die Pfirsiche häuten [→ d], halbieren, entsteinen und in dünne Schnitze schneiden. Vorsichtig unter den Salat mischen.

6. Den Backofengrill anheizen. Die Käse nebeneinander in eine ofenfeste Form legen und mit dem übrigen Öl einpinseln, jeweils etwas Honig darüberträufeln. Mit etwa 10 cm Abstand unter die heißen Grillschlangen schieben und in etwa 5 Minuten goldbraun grillen.

Die Variante

Bohnen-Tomaten-Gemüse
500 g Bohnen waschen, putzen und in 8 – 12 Minuten bissfest garen. Abschrecken und abtropfen lassen. 1 rote Zwiebel schälen, fein würfeln und in 1 EL Olivenöl andünsten. Bohnen kurz mitbraten. Dann 3 gewürfelte Tomaten (wer mag, häutet sie vorher) und 100 g gewürfelten Edelpilzkäse unterrühren und nur so lange weitergaren, bis der Käse geschmolzen ist. Mit Salz, Pfeffer und etwa ¼ TL abgeriebener Zitronenschale abschmecken. Als vegetarisches Hauptgericht sehr gut mit Kartoffelgratin.

TIPP Gute Pfirsiche erkennen Sie nicht am Aussehen, und auch die Farbe des Fruchtfleischs gibt nicht immer den Ausschlag. Verlassen Sie sich besser auf Ihre Nase, denn gute Früchte verströmen einen feinen und intensiven Duft.

DAS IST *wirklich* WICHTIG

[a] ÄUSSERE BLÄTTER GROSSZÜGIG ABBRECHEN Den Stiel dicht an der Artischocke abschneiden. Rundherum alle kleinen Blätter abzupfen. Dann von den größeren noch so viele entfernen, bis das untere Ende sichtbar fleischiger wird. Oben an der Artischocke etwa 2 cm abschneiden: Die Spitzen der Blätter mit der Küchenschere kürzen.

[b] GARPROBE Die Artischocke ist fertig, wenn sich ein Blatt leicht herausziehen lässt. Dazu die Artischocke mit dem Schaumlöffel mit der offenen Seite nach unten aus dem Wasser fischen und gut abtropfen lassen. Ein Blatt abziehen.

[c]

[b]

[d]

[c] ARTISCHOCKENBODEN FREILEGEN Werden die Blätter in der Mitte dünn und zart, haben sie kaum mehr Fleisch. Diese Blätter komplett mit den Fingern greifen und abziehen.

[d] HEU ABLÖSEN Darunter ist das sogenannte Heu. Dieses mit dem Messer direkt am Artischockenbodenfleisch abschneiden oder herauslöffeln.

ARTISCHOCKEN
mit Tomatendip

EIN TOLLES GEMÜSEGERICHT, DAS MAN SICH VOR ALLEM
IN FRANKREICH MIT VINAIGRETTE ODER AIOLI SCHMECKEN LÄSST.

Zutaten für 4 Portionen

Für die Artischocken:

4 dicke fleischige
Artischocken

Saft von 1 Zitrone

Salz

Für den Dip:

300 g sehr reife Tomaten

6 Stängel Basilikum

1 Knoblauchzehe

150 g saure Sahne

200 g Crème fraîche

2 TL Olivenöl

2 TL Zitronensaft

Salz, Pfeffer aus der Mühle

Zeitbedarf
• 1 Stunde

So geht's

1. Die Artischocken waschen, putzen [→ a] und in
reichlich kochendem Wasser mit dem Zitronensaft und 1 sehr kräftigen Prise Salz 20–30
Minuten sprudelnd kochen lassen. Garprobe
machen [→ b]!

2. Inzwischen für den Dip die Tomaten häuten und
ohne den Stielansatz fein hacken. Das Basilikum waschen und trocken schütteln, die Blätter
abzupfen und fein schneiden. Knoblauch schälen
und durch die Presse drücken. Saure Sahne und
Crème fraîche mit Öl und Zitronensaft verrühren,
Tomaten, Basilikum und Knoblauch unterrühren,
salzen und pfeffern.

3. Die Artischocken gut abtropfen lassen. Den Dip
auf Portionsschälchen verteilen. Zum Essen
Blatt für Blatt abzupfen, mit dem fleischigen
Ende in den Dip tunken und Dip und Artischo-
ckenfleisch zusammen zwischen den Zähnen
abstreifen und essen. Zum Schluss den Artischockenboden freilegen [→ c + d] und ebenfalls
mit dem Dip genießen.

Dazu schmeckt am besten knuspriges Weißbrot,
z. B. Baguette.

Die Variante

Eier-Kräuter-Vinaigrette
2 Eier hart kochen, ab-
schrecken und pellen.
Eier halbieren und das
Eigelb herauslösen, mit
2 TL scharfem Senf und
3 EL hellem Essig verrüh-
ren. ½ Bund gemischte
Kräuter waschen, trocken
schütteln und fein hacken.
2 Frühlingszwiebeln put-
zen, waschen und mit
dem Grün fein schneiden.
Kräuter, Frühlingszwie-
beln, 3 EL Gemüsebrühe
oder Wasser und 6 EL
Olivenöl unter die Eigelb-
creme rühren. Die Eiweiße
fein hacken, untermi-
schen, mit Salz und Pfeffer
würzen.

DAS IST *wirklich* WICHTIG

[a] AUBERGINE VORBEREITEN
Die Aubergine waschen und den Stiel
abschneiden. Stechen Sie die Aubergine jetzt rundherum mit der Messerspitze mehrmals ein, damit die Haut
beim Backen nicht aufplatzt.

[b] FLEISCH AUSLÖSEN Die gegarte
Aubergine so lange abkühlen lassen,
bis Sie sie gut anfassen können.
Dann der Länge nach aufschneiden
und das Fruchtfleisch mit einem
Löffel gründlich von den Schalen
abschaben.

[c] SERVIERTIPPS Das Püree
schmeckt als Vorspeise, zum Beispiel mit Fladenbrot und Oliven,
aber auch als Beilage zu gegrilltem
Fleisch, Fisch und Gemüse oder zu
gebratenem Fleisch oder Fisch.

[b]

[c]

AUBERGINENPÜREE
mit Joghurt und Kräutern

WUNDERBAR WÜRZIG UND CREMIG IST DAS GEMÜSEPÜREE – IDEALE SOMMER-VORSPEISE ODER TOLLER BEGLEITER VON ALLERLEI GEGRILLTEM.

Zutaten für 4 Portionen

1 Aubergine (350 – 400 g)

1 Knoblauchzehe

2 Frühlingszwiebeln

½ kleines Bund Petersilie

¼ Bund Koriandergrün

1 EL Olivenöl

150 g Joghurt

je ½ TL edelsüßes und rosenscharfes Paprikapulver

¼ TL gem. Koriander

2 – 3 TL Zitronensaft

Salz, Pfeffer aus der Mühle

Zeitbedarf
• 20 Minuten +
  30 Minuten backen

So geht's

1. Den Backofen auf 250 °C (Ober- und Unterhitze; Umluft 220 °C) vorheizen. Die Aubergine waschen und den Stiel abschneiden. Die Aubergine einstechen [→ a] und auf dem Backblech im Ofen etwa 30 Minuten backen, bis die Haut dunkel und die Aubergine weich ist. Herausnehmen und etwas abkühlen lassen.

2. Inzwischen den Knoblauch schälen. Die Frühlingszwiebeln putzen, waschen und nur das welke Grün abschneiden. Die Kräuter waschen und trocken schütteln, die Blättchen abzupfen. Knoblauch, Frühlingszwiebeln und Kräuter sehr fein hacken.

3. Das Fruchtfleisch der Aubergine aus den Schalen lösen [→ b] und mit dem Olivenöl mit dem Pürierstab fein zerkleinern.

4. Den Joghurt und die Kräutermischung unter das Püree rühren und mit zweierlei Paprikapulver, gemahlenem Koriander, Zitronensaft, Salz und Pfeffer würzen. Das Püree als Vorspeise oder Beilage servieren [→ c].

Die Variante

Auberginen-Tomaten-Tatar
Die Aubergine backen und das Fruchtfleisch auslösen. Fein hacken und mit dem gehackten Fruchtfleisch von 200 g gehäuteten Tomaten, 1 EL Zitronensaft und 3 EL Olivenöl verrühren. Mit Salz und Chilipulver abschmecken und mit klein geschnittenem Basilikum oder Minze bestreuen.

GEFÜLLTE GEMÜSE
mit Bulgur

WUNDERBAR SAFTIG UND WÜRZIG DIE FÜLLUNG, BUNT UND ABWECHSLUNGSREICH IM GESCHMACK DAS GEMÜSE DRUMHERUM. EIN FESTESSEN FÜR GEMÜSEFANS.

Zutaten für 4 Portionen

100 g Bulgur

Salz

2 Rondini (je etwa 200 g)

1 Aubergine (etwa 300 g)

1 Zucchino (etwa 400 g)

2 kleine rote Paprikaschoten

3 Tomaten

½ Bund Petersilie

4 Zweige Thymian

1 Zweig Rosmarin

2 Knoblauchzehen

100 g Feta (Schafskäse)

250 g gemischtes Hackfleisch

Pfeffer aus der Mühle

½ TL rosenscharfes Paprikapulver

2 EL Olivenöl

Zeitbedarf
- 1 Stunde +
  35 Minuten backen

So geht's

1. Den Bulgur in einer Schüssel mit ¼ l kochendem Wasser und 1 Prise Salz mischen und etwa 30 Minuten stehen lassen.

2. Das Gemüse putzen und waschen. Die Rondini in kochendem Salzwasser 15 Minuten garen, abschrecken und abtropfen lassen. Die Aubergine längs halbieren. In kochendem Salzwasser 2–3 Minuten kochen, abschrecken und abtropfen lassen.

3. Aubergine, Zucchino und Rondini aushöhlen [→ a + b]. Das ausgehöhlte Fruchtfleisch von Aubergine und Zucchino fein hacken. Die Paprikaschoten längs halbieren, Kerne und Trennhäute entfernen. Tomaten häuten [→ c] und klein würfeln.

4. Die Kräuter waschen und trocken schütteln, die Blätter bzw. Nadeln abzupfen und fein schneiden. Den Knoblauch schälen und fein hacken. Den Feta zerkrümeln.

5. Den Backofen auf 180 °C (Ober- und Unterhitze; Umluft 160 °C) vorheizen. Den Bulgur falls nötig abtropfen lassen. Bulgur mit Kräutern, Knoblauch, Feta, Hackfleisch, 2 EL gehacktem Gemüse und 1 EL Tomatenwürfeln mischen und mit Salz, Pfeffer und dem Paprikapulver abschmecken.

6. Die Gemüse damit füllen und nebeneinander in eine ofenfeste Form setzen. Das übrige Gemüse und die restlichen Tomaten mischen, salzen, pfeffern und dazwischen verteilen. Das Öl über das Gemüse laufen lassen.

7. Die gefüllten Gemüse im Ofen (Mitte) etwa 35 Minuten backen.

Dazu schmeckt ein Zitronenjoghurt. Dafür 1 Bio-Zitrone waschen und abtrocknen, die Schale fein abreiben. 250 g Joghurt mit je 1 TL scharfem und süßem Senf, 1 TL Olivenöl und der abgeriebenen Zitronenschale verrühren, salzen und pfeffern.

DAS IST
wirklich
WICHTIG

[a] AUBERGINEN AUSHÖHLEN Das Fruchtfleisch der vorgekochten Auberginen mit einem Messer rundherum knapp 1 cm vom Rand entfernt einschneiden, innerhalb dieses Rands das Fruchtfleisch kreuzweise einschneiden. Jetzt können Sie es mit einem scharfkantigen kleinen Löffel vorsichtig aus den Hälften lösen. Zucchinifleisch ebenfalls mit dem Löffel roh aus den Hälften schaben.

[b] RONDINI AUSHÖHLEN Die gekochten Rondini quer aufschneiden. In der Mitte sind ziemlich viele Kerne zu sehen, die können Sie mitsamt dem faserigen Fleisch, in das sie gebettet sind, herauslöffeln.

[c] TOMATEN HÄUTEN Aus den Tomaten den Stielansatz mit einem spitzen Messer wie einen Keil herausschneiden. Die Tomaten in einer Schüssel mit kochendem Wasser überbrühen und ziehen lassen, bis sich die Haut am offenen Stielansatz leicht aufbiegt oder an anderer Stelle aufplatzt. Kalt abschrecken und die Haut abziehen.

[d] RONDINI ERSETZEN Wenn Sie keine Rondini bekommen, können Sie, wie auf dem Foto zu sehen, runde Zucchini nehmen. Diese müssen nicht vorgegart werden: Einfach waschen, einen Deckel abschneiden und das faserige Fruchtfleisch mit den Kernen herauslöffeln.

[a]

[c]

[d]

53

AUBERGINEN
mit Balsamico

Zutaten für 4 Portionen

2 Auberginen (etwa 500 g)	Basilikumblätter zum Bestreuen
1 rote Paprikaschote	
4 EL Olivenöl	**Zeitbedarf**
1 getrocknete Chilischote	• 25 Minuten
4 EL Aceto balsamico	
1–2 TL Honig	
Salz	

So geht's

1. Die Auberginen und die Paprikaschote waschen. Von den Auberginen die Enden abschneiden, die Auberginen erst in etwa 1 cm dicke Scheiben, dann in Würfel schneiden. Die Paprikaschote halbieren, Stiel, Trennhäutchen und Kerne entfernen und die Schotenhälften ebenfalls würfeln.

2. Das Olivenöl in einer Pfanne erhitzen, Auberginen und Paprika einrühren und bei starker Hitze unter Rühren 6–7 Minuten braten. Die Chilischote ohne Stiel zerkrümeln und untermischen.

3. Den Essig und den Honig unterrühren und das Gemüse mit Salz abschmecken. Lauwarm oder abgekühlt mit Basilikum bestreut servieren.

DIE AUBERGINEN SCHMECKEN als Vorspeise, zum Beispiel mit geröstetem Brot oder mit gebackenem Ziegenkäse. Oder als Beilage, zum Beispiel zu Lamm- oder Schweinekoteletts oder zu gebratenen Hühnerbrustscheiben.

ZUCCHINIAUFLAUF
mit Edelpilzkäse

Zutaten für 4 Portionen

800 g Zucchini	4 Eier (Größe M)
300 g festkochende Kartoffeln	50 g saure Sahne
1 rote Paprikaschote	2 TL edelsüßes Paprikapulver
4 Frühlingszwiebeln	Salz, Pfeffer aus der Mühle
2 Knoblauchzehen	
1 kleines Bund gemischte Kräuter	**Zeitbedarf**
250 g Edelpilzkäse	• 30 Minuten + 45 Minuten backen

So geht's

1. Die Zucchini putzen und waschen. Die Kartoffeln schälen und waschen. Beides fein raspeln. Die Flüssigkeit, die sich dabei bildet, gut abgießen. Die Paprikaschote halbieren und waschen, putzen und klein würfeln. Die Frühlingszwiebeln waschen, putzen und mit dem Grün in Ringe schneiden. Den Knoblauch schälen und fein hacken. Die Kräuter waschen und trocken schütteln, die Blätter fein schneiden.

2. Den Backofen auf 200 °C (Ober- und Unterhitze; Umluft 180 °C) vorheizen. Gemüse mit Frühlingszwiebeln, Knoblauch und Kräutern mischen. Den Käse würfeln und mit den Eiern, der sauren Sahne und dem Paprikapulver verquirlen. Unter die Gemüsemasse rühren, mit Salz und Pfeffer abschmecken und in eine ofenfeste Form füllen. Den Auflauf im Ofen (Mitte) etwa 45 Minuten backen, bis er gebräunt ist.

FEIN DAZU sehr klein gewürfelte Tomaten, mit Olivenöl, gehacktem Basilikum, Salz und Pfeffer abgeschmeckt.

PAPRIKASAUCE
mit Kapern

Zutaten für 4 Portionen

2 rote Paprikaschoten (oder 1 rote und 1 gelbe)	50 ml Gemüsebrühe
	100 g Sahne
2 Zwiebeln	Salz, Pfeffer aus der Mühle
2 Knoblauchzehen	
1 EL Butter	1 EL Basilikumblättchen
je 1 TL edelsüßes und rosenscharfes Paprikapulver	**Zeitbedarf**
1 EL Kapern	• 30 Minuten

So geht's

1. Die Paprikaschoten halbieren und waschen, dabei Stiel, Trennwände und Kerne entfernen. Die Paprikahälften längs vierteln, dann quer in schmale Streifen schneiden. Die Zwiebeln und den Knoblauch schälen. Die Zwiebeln vierteln und ebenfalls in schmale Streifen schneiden. Den Knoblauch in dünne Scheiben teilen.

2. Die Butter in einem Topf zerlassen. Zwiebeln, Knoblauch und Paprika darin bei mittlerer Hitze unter Rühren 1–2 Minuten andünsten. Mit Paprikapulver bestäuben und gut unterrühren. Kapern abtropfen lassen und mit der Brühe und der Sahne dazugeben. Leicht salzen und pfeffern und offen etwa 6 Minuten sämig einköcheln lassen. Mit Salz und Pfeffer abschmecken. Vor dem Servieren das Basilikum aufstreuen.

DIE SAUCE PASST zu Bandnudeln wie Tagliatelle oder Pappardelle, aber auch zu gebratenen Minischnitzeln, Hühnerbrust oder gedünstetem oder pochiertem Fisch.

FENCHELPIZZA
mit Rucola

Zutaten für 2–3 Portionen

1 große Fenchelknolle	1 fertig ausgerollter Pizzateig (400 g, aus dem Kühlregal)
Salz	
300 g Tomaten	125 g Mozzarella
2 Knoblauchzehen	1 Bund Rucola
nach Belieben 1 getrocknete Chilischote	nach Belieben 50 g (Fenchel-)Salami in dünnen Scheiben
1 TL Fenchelsamen	
4 EL Olivenöl	**Zeitbedarf**
Pfeffer aus der Mühle	• 20 Minuten + 15 Minuten backen

So geht's

1. Den Backofen auf 250 °C (Ober- und Unterhitze; Umluft 220 °C) vorheizen. Den Fenchel putzen, waschen und vierteln. Die Viertel quer in dünne Streifen schneiden und mit Salz mischen. Die Tomaten waschen und mittelgrob pürieren. Den Knoblauch schälen und dazupressen, nach Belieben die Chilischote zerkrümelt zugeben. Fenchelsamen und 1 EL Olivenöl unterrühren und die Tomaten salzen und pfeffern.

2. Den Pizzateig auf dem Backblech ausbreiten. Den Mozzarella abtropfen lassen, klein würfeln, mit den Tomaten mischen und darauf verstreichen. Die Fenchelstreifen darauf verteilen. Alles mit dem restlichen Öl beträufeln und im Ofen (Mitte) etwa 15 Minuten backen, bis die Pizza schön gebräunt ist.

3. Inzwischen den Rucola verlesen, waschen und trocken schütteln. Die Pizza vor dem Servieren nach Belieben mit Salamischeiben belegen, dann den Rucola darauf verteilen.

[a]

[a] PAPRIKA AUSHÖHLEN Das Stielende der Paprika an der Stelle abschneiden, an der die Paprika breiter wird. Das Innere mit den Fingern herausziehen, die Trennhäute mit den Kernen ebenfalls so gut wie möglich herauslösen. Schoten innen kalt ausspülen und abtropfen lassen.

[b] PAPRIKA FÜLLEN Jeweils 1 – 2 EL Füllung in die Schoten geben und die Schoten leicht schütteln, damit die Füllung nach unten rutscht. Die Schoten außen mit Olivenöl einpinseln, leicht salzen und pfeffern.

DAS IST *wirklich* WICHTIG

[c] PAPRIKA GRILLEN Die Schoten so lange auf dem Grill garen, bis die Haut leicht schrumpelig wird und schön braun ist.

PAPRIKASCHOTEN
gegrillt und mariniert

MIT WÜRZIGEM KÄSE GEFÜLLTE SCHOTEN, MIT ZITRONEN-
FRISCHER MARINADE VERFEINERT. EIN TOLLES SOMMERESSEN!

Zutaten für 4 Portionen

4 große oder 8 kleine Spitzpaprikaschoten (hell-grün oder rot, am besten gemischt, etwa 500 g)

100 g Feta (Schafskäse)

1 EL grüne Oliven (ohne Stein)

4 Zweige Thymian oder Bohnenkraut

6 EL Olivenöl

Salz, Pfeffer aus der Mühle

½ Bio-Zitrone

2 Knoblauchzehen

Zeitbedarf
· 30 Minuten + Zeit zum Marinieren

So geht's

1. Die Paprikaschoten waschen, putzen und aus-höhlen [→ a]. Das Fruchtfleisch des Deckels fein hacken. Den Feta würfeln, die Oliven grob hacken. Die Kräuter waschen und trocken schütteln, die Blätter abstreifen oder -zupfen.

2. Feta, Oliven, gehacktes Paprikafleisch und die Kräuter mit 1 EL Olivenöl mischen, salzen, pfeffern und in die Schoten füllen [→ b]. Die Schoten außen einölen, salzen und pfeffern.

3. Den Holzkohlen-, Elektro- oder Gasgrill anheizen oder den Backofengrill anstellen. Die Paprika-schoten mit etwa 15 cm Abstand von der Hitze-quelle auf den Rost legen oder mit etwa 10 cm Abstand unter die Grillschlangen schieben. Pro Seite 4–5 Minuten grillen, vorsichtig wenden [→ c].

4. Für die Marinade die Zitronenhälfte heiß waschen und abtrocknen, die Schale dünn ab-schneiden und in feine Streifen schneiden, den Saft auspressen. Knoblauch schälen und in dünne Scheiben schneiden.

5. Zitronenschale und Knoblauch mit dem Zitro-nensaft und dem restlichen Öl gut verrühren, salzen und pfeffern und über den Paprika-schoten verteilen. Lauwarm essen oder ein paar Stunden durchziehen lassen.

Die Variante

Gegrillte Gemüse mit Tomatenmarinade
Für die Marinade 300 g Tomaten waschen und sehr fein hacken. Mit 1 gehackten Chilischote und 2 gehackten Knoblauchzehen, 2 EL Aceto balsamico, ½ TL Honig und 4 EL Olivenöl gründ-lich verrühren, mit Salz abschmecken. Zucchini, Auberginen, Fenchel und Paprika waschen, putzen und in etwa 1 cm dicke Scheiben bzw. breitere Streifen (Paprika) schnei-den. Mit Olivenöl, Salz und Pfeffer mischen und auf dem Holzkohlengrill oder unter den heißen Grillschlangen weich und braun grillen. Mit etwas Marinade bedecken und gleich essen oder abkühlen lassen.

TIPP Wenn die Schale doch mal zu schwarz wird, ist das kein Problem. An diesen Stellen hat sie sich nämlich vom Fruchtfleisch gelöst, lässt sich also ganz leicht abziehen. Auf diese Art können Sie Schoten auch gut häuten: 10–15 Minuten grillen oder bei 250 °C (Ober- und Unterhitze; Umluft 220 °C) etwa 20 Minuten backen.

SOMMER-MINESTRONE
mit Tomatenpesto

SO BUNT WIE DIE BIOKISTE IM SOMMER PRÄSENTIERT SICH AUCH DIESE
AROMATISCHE SUPPE. ALLES, WAS JETZT SAISON HAT, WIRD SIE BEREICHERN!

Zutaten für 4 Portionen

Für die Minestrone:

700 – 800 g gemischte Sommer-
gemüse (siehe Tipp)

1 festkochende Kartoffel

1 Zwiebel, 2 Knoblauchzehen

2 Zweige Rosmarin

4 Salbeiblättchen

½ TL Fenchelsamen

2 EL Olivenöl

1 ¼ l Gemüse- oder Fleischbrühe

2 TL Tomatenmark

Rinde von 1 Stück Parmesan

Salz, Pfeffer aus der Mühle

Für das Pesto:

1 Tomate (etwa 100 g)

50 g Pinienkerne

100 g getrocknete Tomaten (in Öl)

2 Knoblauchzehen

1 Handvoll Rucola

4 EL Olivenöl

Salz, Pfeffer aus der Mühle

So geht's

1. Das Gemüse je nach Sorte waschen oder schälen. Sellerie putzen [→ a] und in Scheiben schneiden. Möhre, Bohnen, Zucchino, Paprika oder Fenchel und die Kartoffel würfeln, das Blattgemüse in Streifen schneiden.

2. Die Zwiebel und den Knoblauch schälen und würfeln [→ b]. Die Kräuter waschen und trocken schütteln. Die Rosmarinnadeln abzupfen und mit dem Salbei fein hacken.

3. Zwiebel, Knoblauch, Kräuter und Fenchelsamen im Öl andünsten. Das Gemüse dazugeben und kurz andünsten. Die Brühe angießen und zum Kochen bringen. Das Tomatenmark und die Parmesanrinde untermischen und die Suppe mit halb aufgelegtem Deckel bei schwacher bis mittlerer Hitze 20 – 30 Minuten köcheln lassen, bis das Gemüse gar ist, aber noch Biss hat.

4. Inzwischen für das Pesto die Tomate häuten und entkernen [→ c]. Die Pinienkerne in einer Pfanne bei mittlerer Hitze ohne Fett in etwa 1 Minute leicht braun rösten. Knoblauch schälen und grob hacken. Getrocknete Tomaten abtropfen lassen und grob schneiden. Rucola waschen und grob hacken. Alle Zutaten mit dem Öl fein pürieren, salzen und pfeffern.

5. Die Suppe mit Salz und Pfeffer abschmecken. Mit dem Pesto und gerösteten Weißbrotscheiben servieren.

Zeitbedarf
• 1 Stunde

TIPP Das sollten Sie auf jeden Fall verwenden: 1 – 2 Stangen Staudensellerie, 1 Möhre, 1 Handvoll grüne Bohnen, 1 junger Zucchino, 1 Stück Paprikaschote oder 1 Stück Fenchelknolle und Blattgemüse wie Mangold, Spinat oder Kohlrabiblätter.

DAS IST *wirklich* WICHTIG

[a] STAUDENSELLERIE PUTZEN
Das untere Ende abschneiden und das obere Drittel dort abtrennen, wo die Stange sich verzweigt, ab da ist sie meist holzig. Falls sich beim Schneiden Fäden lösen, diese abziehen. Sellerie in dünne Scheiben schneiden.

[b] ZWIEBEL HACKEN Die braune Haut abziehen und die Zwiebel halbieren. Jetzt schneiden Sie sie so in Streifen, dass die einzelnen Schichten am Wurzelansatz noch zusammenhalten. Die Zwiebel mit angewinkelten Fingern festhalten und in feine Würfel schneiden.

[c] TOMATE ENTKERNEN Die gehäutete Tomate (siehe Seite 53) quer durchschneiden und die Hälften mit der Hand leicht zusammendrücken und die Kerne herauspressen. Kerne mit dem Messer abstreifen.

[a]

[b]

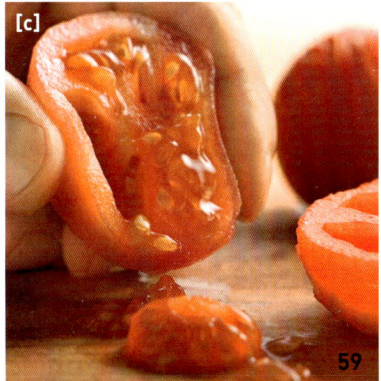

[c]

59

DAS IST *wirklich* WICHTIG

[a] MANGOLD VORBEREITEN

Die Mangoldblätter waschen. Grüner Mangold hat einen höheren Stielanteil als roter, der Stiel ist aber eher flach. Roter Mangold hat einen dünnen, aber fleischigen Stiel. Diesen müssen Sie etwas flacher schneiden.

[b]

[b] RÖLLCHEN ROLLEN

Die vorgekochten Blätter auf der Arbeitsfläche auslegen. Verteilen Sie jeweils etwa 1 EL Füllung in der Mitte der Blätter. Jetzt erst die seitlichen Ränder nach innen klappen, dann die Blätter der Länge nach aufrollen.

[c] RÖLLCHEN VERSCHLIESSEN

Die Blattenden leicht auf die Füllung drücken. Wenn sie haften bleiben, können Sie die Röllchen vorsichtig auf beiden Seiten anbraten. Wenn sie sich wieder lösen, mit einem Zahnstocher feststecken oder wie ein Päckchen mit Küchengarn verschnüren.

MANGOLDRÖLLCHEN
mit Auberginenfüllung

ZWEI SOMMERSTARS IN GELUNGENER VERBINDUNG – SAFTIGE AUBERGINEN
IM INNEREN UND DAS WÜRZIGE BLATTGEMÜSE ALS ZARTE HÜLLE.

Zutaten für 4 Portionen

12 Mangoldstangen mit
großen Blättern (etwa
200 g)

1 Aubergine (etwa 350 g)

1 Fenchelknolle

Salz

2 Frühlingszwiebeln

2 Knoblauchzehen

½ Bund Petersilie

1 rote Chilischote (nach
Belieben)

4 getrocknete Tomaten
(in Öl)

500 g Tomaten

1 TL Fenchelsamen

150 g geriebener Hart-
käse (z. B. Bergkäse oder
mittelalter Pecorino)

2 EL Olivenöl

Zeitbedarf
• 40 Minuten +
30 Minuten schmoren

So geht's

1. Den Mangold waschen und vorbereiten [→ a].
   Die Aubergine und den Fenchel putzen, waschen,
   Aubergine fein würfeln. Das zarte Fenchelgrün
   beiseitelegen, den Fenchel ebenfalls würfeln.

2. Mangoldblätter in kochendem Salzwasser etwa
   1 Minute sprudelnd kochen lassen. Mit dem
   Schaumlöffel herausheben, kalt abschrecken
   und abtropfen lassen. Aubergine und Fenchel
   im Kochwasser etwa 2 Minuten kochen lassen.
   Ebenfalls kalt abschrecken und abtropfen lassen.

3. Die Frühlingszwiebeln putzen, waschen und in
   Ringe schneiden. Knoblauch schälen und fein
   hacken, Petersilie waschen und trocken schütteln, die Blätter abzupfen und mit dem Fenchelgrün hacken. Nach Belieben die Chilischote
   waschen und den Stiel abschneiden. Die Schote
   fein hacken. Die getrockneten Tomaten abtropfen
   lassen und klein schneiden. Die frischen Tomaten häuten (siehe Seite 53) und fein würfeln.

4. Aubergine und Fenchel mit Frühlingszwiebeln,
   Knoblauch, Kräutern, der Chili, den getrockneten
   Tomaten, den Fenchelsamen und dem Käse
   gut verrühren und mit Salz abschmecken. Die
   Füllung auf die Mangoldblätter geben und die
   Blätter aufrollen [→ b + c].

5. Das Öl in einem weiten Topf erhitzen, die Röllchen darin anbraten. Die Tomaten dazugeben
   und salzen. Die Röllchen zugedeckt bei schwacher Hitze etwa 30 Minuten schmoren.

Die Variante

Spitzkohlröllchen
12 Spitzkohlblätter
ablösen und in Salzwasser
4 Minuten kochen,
abschrecken. Für die
Füllung 400 g mehlig-
kochende Kartoffeln
schälen und klein würfeln.
Mit 150 g Crème fraîche,
150 g frisch geriebenem
Käse, 1 Bund gemischten
gehackten Kräutern,
4 Frühlingszwiebeln in
Ringen und 2 gepressten
Knoblauchzehen mischen,
salzen, pfeffern und in
die Blätter einrollen.
Mit den Tomaten wie
beschrieben schmoren.

GEBRATENE FISCHFILETS
mit Ofentomaten

HONIGWÜRZIGE TOMATEN, MIT KNUSPRIG GEBRATENEM FISCHFILET SERVIERT –
EINE SEHR FEINE SOMMERLICHE KOMBINATION, DIE GANZ LEICHT GELINGT.

Zutaten für 4 Portionen

Für die Tomaten:

700 g Kirschtomaten

¼ Bund Thymian

3 EL Butter

3 TL Honig

Salz, Pfeffer aus der Mühle

Für den Fisch:

4–8 Fischfilets oder Filetstücke mit Haut (z. B. Saibling, Rotbarbe oder Brasse, insgesamt etwa 700 g)

2 EL Zitronensaft

Salz, Pfeffer aus der Mühle

2 EL Butter

1 EL Olivenöl

Zeitbedarf
• 45 Minuten

So geht's

1. Den Backofen auf 180 °C (Ober- und Unterhitze; Umluft 160 °C) vorheizen. Die Tomaten waschen und halbieren. Mit der Schnittfläche nach oben in eine ofenfeste Form legen. Den Thymian waschen und trocken schütteln, die Blättchen von den Stielen streifen. Die Butter mit dem Honig in einer kleinen Pfanne schmelzen. Thymian untermischen und die Honigbutter mit Salz und Pfeffer abschmecken, gleichmäßig auf den Tomaten verteilen.

2. Die Tomaten im Ofen (Mitte) etwa 35 Minuten backen, bis sie leicht braun sind.

3. Nach gut 20 Minuten Garzeit der Tomaten die Fischfilets abtasten, Gräten nach Bedarf mit einer Pinzette aus dem Fischfleisch ziehen. Fischfilets kalt abbrausen und trocken tupfen. Auf der fleischigen Seite mit dem Zitronensaft beträufeln, auf beiden Seiten mit Salz und Pfeffer würzen.

4. Die Butter und das Öl in einer Pfanne erhitzen. Die Fischfilets mit der Hautseite nach unten hineinlegen und bei mittlerer bis starker Hitze 3–5 Minuten (je nach Dicke des Filets) braten. Wenden und noch einmal etwa 1 Minute braten. Mit den Ofentomaten auf vorgewärmten Tellern anrichten und servieren.

DAZU SCHMECKT ein Salat – z. B. Rucolasalat – und knuspriges Weißbrot.

DAS IST *wirklich* WICHTIG

[a] GURKE ENTKERNEN Die Gurke der Länge nach halbieren, an einem Ende mit einem scharfkantigen Teelöffel unter die Kerne fahren und diese nach und nach herausschaben.

[b] SÄMIG PÜRIEREN Gurke, Tomaten und Paprika würfeln und mit der Zwiebel in die Küchenmaschine geben. Drücken Sie das eingeweichte Brot mit den Händen gut aus und geben Sie es dazu. Mit Olivenöl und Essig fein pürieren, die Mischung soll eher dickflüssig sein.

[c] GARNELEN VORBEREITEN Die Schale Stück für Stück von den Garnelen ablösen. Sehen Sie sich die gebogene Seite der Garnelen genau an. Falls dort direkt unter dem Fleisch ein schwarzer Strich zu sehen ist, ritzen Sie das Fleisch darüber ein und ziehen Sie den schwarzen Darm mit der Messerspitze heraus.

[d] GARNELEN GAREN Knoblauch und Garnelen nicht zu heiß garen, der Knoblauch darf nicht braun werden, sonst schmeckt er bitter. Die Garnelen sind fertig, wenn sich die graue Haut rötlich färbt.

GARNELEN NUR SO LANGE GAREN, BIS SICH DAS FLEISCH RÖTLICH FÄRBT

[d]

[c]

GAZPACHO
mit Knoblauchgarnelen

SPANISCHE SOMMERKÜCHE MIT AROMATISCHER BEGLEITUNG –
ZARTE GARNELEN KOMMEN HEISS AUF DIE ERFRISCHENDE SUPPE.

Zutaten für 4 Portionen

2 Scheiben Toastbrot

1 milde weiße Zwiebel

1 Schlangengurke oder
2 Schmorgurken (etwa
500 g)

500 g Tomaten

1 grüne Paprikaschote

8 EL Olivenöl

2 EL Weinessig

Salz, Pfeffer aus der Mühle

¼ Bund Petersilie

250 g rohe Garnelen

2 Knoblauchzehen

Zeitbedarf
· 30 Minuten +
  1 Stunde kühlen

So geht's

1. Das Toastbrot mit lauwarmem Wasser über-
   gießen und 10 Minuten einweichen.

2. Inzwischen die Zwiebel schälen und grob hacken.
   Die Gurke schälen und entkernen **[→ a]**, ein Viertel beiseitelegen, den Rest würfeln. Tomaten
   waschen und würfeln. Die Paprika waschen und
   putzen, ein Viertel weglegen, den Rest würfeln.

3. Die Gemüsewürfel mit der Zwiebel, der Hälfte
   des Öls, dem Essig, dem ausgedrückten Brot
   und etwa ⅛ l kaltem Wasser fein pürieren **[→ b]**,
   salzen, pfeffern und mindestens 1 Stunde kühl
   stellen.

4. Dann das beiseitegelegte Gemüse fein würfeln.
   Die Petersilie waschen und trocken schütteln,
   die Blätter abzupfen und fein hacken.

5. Die Garnelen schälen und den Darm entfernen
   [→ c]. Den Knoblauch schälen und in feine
   Scheiben schneiden. Das restliche Öl in einer
   Pfanne erhitzen, die Garnelen darin mit dem
   Knoblauch etwa 1 ½ Minuten braten **[→ d]**.
   Salzen und pfeffern.

6. Die kalte Suppe abschmecken und auf Schalen
   verteilen. Die Gemüsewürfel und die Petersilie
   aufstreuen, die heißen Garnelen darauf verteilen
   und die Gazpacho gleich servieren.

Die Varianten

Gurken-Apfel-Salat
1 Gurke waschen, putzen,
längs vierteln und in dünne
Scheiben schneiden.
1 Apfel vierteln, schälen,
entkernen und in dünne
Schnitze schneiden. 1 TL
scharfen Senf mit 1 EL
hellem Aceto balsamico,
2 EL Sahne und 2 EL Öl
verrühren, salzen und pfeffern. Mit 1–2 EL Schnitt-
lauchröllchen, Gurke und
Apfel gründlich verrühren.

Gurken-Tomaten-Gemüse
500 g Gurken schälen,
entkernen und in etwa
1 cm breite Scheiben
schneiden. Mit 1 gewür-
felten Zwiebel in 1 EL
Butter mit 1 TL Zucker
andünsten. 250 g gehäu-
tete und gewürfelte Toma-
ten unterrühren, salzen,
pfeffern und zugedeckt
bei schwacher Hitze
10 Minuten schmoren.
Spitzen von 1 Bund Dill
hacken und untermischen.

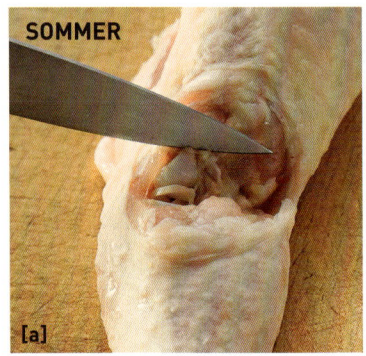

[a]

DAS IST *wirklich* WICHTIG

....

[a] DIE HÜHNERBEINE AM GELENK TRENNEN Dazu nehmen Sie das Hühnerbein in die Hand und spreizen die beiden Enden etwas auseinander. So sehen Sie, wo das Gelenk sitzt. Dort das Fleisch einschneiden und das Gelenk ganz auseinanderbiegen. Dann an dieser Stelle mit dem Messer durchschneiden.

[b] FENCHEL VORBEREITEN Waschen und die dicken Stiele und das untere Ende abschneiden. Zartes Grün ab-knipsen und weglegen. Vom Rest der Knolle schneiden Sie nur die Teile ab, die welk aussehen oder braun sind.

[c] FENCHEL LÄNGS ACHTELN Legen Sie die Achtel seitlich aufs Küchen-brett und schneiden Sie den Strunk in der Mitte so ab, dass die Fenchel-schichten noch zusammenhalten.

[d] GARPROBE BEIM HÜHNERBEIN Zum Ende der Garzeit mit der Mes-serspitze in die dickste Stelle einer Keule stechen. Der Saft, der aus-läuft, muss klar sein. Ist er rötlich, das Fleisch noch etwas länger garen und die Garprobe wiederholen.

STECHEN SIE IN DIE DICKSTE STELLE. IST DAS FLEISCH GAR, LÄUFT DURCH-SICHTIGER SAFT AUS.

[d]

FENCHEL-TOMATEN-GEMÜSE
mit Hühnerbeinen

KNACKIGES GEMÜSE, SAFTIGE HÄHNCHENTEILE, UND BEIDES ZUSAMMEN GANZ EINFACH UND ENTSPANNT IM OFEN GEGART.

Zutaten für 4 Portionen

Für die Hühnerbeine:

4 ganze Hühnerschenkel (je etwa 300 g)

½ Bio-Zitrone

2 Zweige Rosmarin

2 getrocknete Chilischoten

4 EL Olivenöl, Salz

Für das Gemüse:

2 – 3 Fenchelknollen

1 rote Paprikaschote

1 rote Zwiebel

4 Knoblauchzehen

300 g Tomaten

Salz, Pfeffer aus der Mühle

50 ml trockener Weißwein

nach Belieben 1 – 2 EL Anislikör (z. B. Sambuca)

Zeitbedarf
• 35 Minuten +
  40 Minuten backen

So geht's

1. Die Hühnerbeine im Gelenk teilen [→ a], kalt waschen und trocken tupfen. Die Zitronenhälfte waschen und abtrocknen, die Schale fein abreiben und den Saft auspressen. Rosmarin waschen und trocken schütteln, die Nadeln abzupfen und mit den Chilischoten fein hacken. Mit 2 EL Zitronensaft und dem Öl verrühren, salzen und die Hühnerbeine damit einreiben. Den Backofen auf 200 °C (Ober- und Unterhitze; Umluft 180 °C) vorheizen.

2. Den Fenchel waschen, putzen und achteln [→ b + c]. Die Paprikaschote halbieren und waschen, dabei Stielansatz, Trennwände und Kerne entfernen. Paprikahälften nochmals halbieren und dann quer in 2 cm breite Streifen schneiden. Zwiebel und Knoblauch schälen. Die Zwiebel vierteln und in Streifen schneiden, den Knoblauch halbieren.

3. Die Tomaten häuten (siehe Seite 53) und würfeln. Das Fenchelgrün hacken und mit dem Fenchel, Paprika, Zwiebel, Knoblauch und Tomaten in einer ofenfesten Form mischen, salzen und pfeffern. Den Wein und nach Belieben den Likör angießen. Die Hühnerteile darauflegen.

4. Alles im Ofen (Mitte) etwa 40 Minuten backen, bis die Hühnerteile braun und gar sind. Zwischendurch das Fenchelgemüse etwas durchrühren. Unbedingt bei den Hühnerbeinen eine Garprobe machen [→ d].

Die Variante

Gratinierter Fenchel
Den Fenchel wie beschrieben putzen und achteln, in Salzwasser etwa 5 Minuten vorkochen. Abgießen und in eine ofenfeste Form legen. 300 g gehäutete Tomaten würfeln, mit ½ TL Fenchelsamen, dem Fenchelgrün und 1 – 2 EL schwarzen entsteinten Oliven mischen und auf den Fenchel geben. 100 g mittelalten Pecorino oder Bergkäse reiben und mit 3 EL Semmelbröseln und 4 EL Olivenöl mischen. Auf Tomaten und Fenchel streuen. Im Ofen bei 200 °C (Ober- und Unterhitze; Umluft 180 °C) etwa 20 Minuten backen, bis die Oberfläche schön gebräunt ist.

[b]

DAS IST *wirklich* WICHTIG

....

[a] MAISKOLBEN WÄSSERN Die Maiskolben mit den Hüllblättern etwa 30 Minuten in eine Schüssel mit kaltem Wasser legen. Das verhindert, dass die Blätter später auf dem Grill verbrennen. Danach eventuell den Stiel kürzen.

[b] MAIS PUTZEN Die grünen Hüllblätter nach und nach vorsichtig nach unten biegen, sodass sie nicht reißen oder sich vom Kolbenende lösen. Jetzt ziehen Sie die Fäden, die direkt am Maiskolben haften, einfach ab.

[c] BLÄTTER VERSCHLIESSEN Die Kolben rundherum dünn mit der Butter bestreichen. Die Hüllblätter Blatt für Blatt wieder an den Kolben zurücklegen und leicht andrücken. Zum Schluss nehmen Sie die spitzen Enden der Blätter und drehen sie leicht zusammen. Mit einem Stück Küchengarn verschließen.

[c]

MAISKOLBEN
mit Chili-Zitronen-Butter

MIT WÜRZIGER BUTTER BESTRICHEN UND GUT VERPACKT, GAREN
DIE KOLBEN AUF DEM GRILL. EINFACH AUSPACKEN UND KNABBERN!

Zutaten für 4 Portionen

4 Maiskolben mit Blättern
(die Blätter müssen ganz
sein und nicht oben
abgeschnitten, sonst
lassen sie sich nicht
wieder verschließen)

1 Bio-Zitrone

1 rote Chilischote

Salz

2 EL Butter

Öl für den Grillrost

besonderes Werkzeug
• Küchengarn
• Maissticks oder
  Zahnstocher

Zeitbedarf
• 30 Minuten +
  30 Minuten wässern +
  30 Minuten grillen

So geht's

1. Die Maiskolben 30 Minuten in Wasser legen [→ a].

2. Inzwischen die Zitrone heiß waschen und abtrocknen, die Schale fein abreiben. Die Chilischote waschen und den Stiel abschneiden.
   Wer die Butter nicht so scharf mag, entfernt die
   Kerne. Chilischote fein hacken. Zitronenschale
   und Chili mit Salz unter die Butter kneten.

3. Den Mais aus dem Wasser nehmen, die Blätter
   aufbiegen und den Mais putzen [→ b]. Mit der
   Butter bestreichen und wieder verschließen [→ c].

4. Den Grill anheizen und den Rost leicht ölen.
   Die Maiskolben drauflegen und etwa 30 Minuten grillen, bis die Blätter dunkelbraun werden,
   dabei häufig wenden.

5. Die Kolben auf Teller legen, die Blätter ablösen,
   auf beiden Seiten der Kolben Maissticks oder
   Zahnstocher einstechen und die Maiskörner von
   den Kolben abknabbern.

Die Variante

Gekochter Mais
Die Maiskolben komplett
von den Hüllblättern und
den Fäden befreien und in
kochendem Salzwasser
mit halb aufgelegtem
Deckel etwa 20 Minuten
kochen. Mais abtropfen
lassen und auf Teller verteilen. Die Butter in Stücke
schneiden und auf den
heißen Maiskolben zer-
laufen lassen. Die Kolben
mit Sticks versehen und
die Körner abknabbern.

WOKGEMÜSE
mit Schnittknoblauch

Zutaten für 4 Portionen

1 Maiskolben
(ersatzweise 1 Möhre)

2 Stangen Staudensellerie oder
1 Fenchelknolle

2 Paprikaschoten (am besten
je 1 rote und gelbe)

2 junge Zucchini

200 g Mangold oder
Spitzkohlblätter

2 Frühlingszwiebeln oder
1 rote Zwiebel

1 Stück frischer Ingwer (3 cm)

1 Bund Schnittknoblauch
(ersatzweise Schnittlauch)

2 getrocknete Chilischoten

2 EL Sesamsamen

4 EL Öl

Salz

100 ml trockener Sherry, Cidre
oder Gemüsebrühe

100 ml Kokosmilch oder
Gemüsebrühe

3 EL helle Sojasauce

1 EL Sesampaste

2 EL Zitronen- oder Limettensaft

1 EL Honig oder Ahornsirup

Zeitbedarf
• 20 Minuten

So geht's

1. Maiskörner vom Kolben schneiden oder die Möhre putzen, schälen und in Stifte schneiden. Übriges Gemüse putzen und waschen. Sellerie in Scheiben, Paprika und Zucchini in Streifen schneiden. Mangoldblätter grob hacken, die Stiele in Streifen schneiden. Frühlingszwiebeln in Ringe teilen. Den Ingwer schälen und fein schneiden, den Schnittknoblauch waschen und in etwa 1 cm lange Stücke teilen.

2. Die Chilischoten im Wok ohne Fett etwa 1 Minute rösten, dann im Mörser fein zerstoßen. Sesamsamen mit 1 EL Öl ebenfalls etwa ½ Minute braten, salzen und herausnehmen.

3. 2 EL Öl in den Wok geben, Mais oder Möhre, Sellerie oder Fenchel, Paprika und Mangoldstiele darin unter Rühren bei starker Hitze etwa 4 Minuten braten. Übrige Gemüse, Ingwer und Frühlings- zwiebeln zugeben und weitere 2 Minuten braten, bis das Gemüse bissfest ist.

4. Die zerstoßene Chili mit Sherry, Brühe, Sojasauce, Sesampaste, Zitronensaft und Honig verrühren. Mit dem Schnittknoblauch zum Gemüse geben, abschmecken und mit Sesam bestreut servieren.

Mit Duftreis oder asiatischen Eiernudeln servieren.

MAISKÖRNER
in Kräutersahne

Zutaten für 4 Portionen

4 Maiskolben	1 EL Butter
1 Zwiebel	⅛ l Gemüsebrühe
2 Knoblauchzehen	125 g Sahne
8 Zweige Thymian oder Bohnenkraut	Salz, Pfeffer aus der Mühle
je 4 Zweige Basilikum und Petersilie	**Zeitbedarf** • 30 Minuten
1 kleine Handvoll Rucolablätter	

So geht's

1. Von den Maiskolben die Blätter und die Fäden ablösen und die Körner abschneiden. Dafür den Kolben mit der breiten Seite nach unten in eine flache Schale stellen. Die Körner Streifen für Streifen dicht am Kolben abschneiden.

2. Die Zwiebel und den Knoblauch schälen und fein hacken. Den Thymian waschen und trocken schütteln, die Blättchen abstreifen. Die übrigen Kräuter und den Rucola waschen und trocken schütteln, von den groben Stielen befreien und fein hacken.

3. Die Butter zerlassen. Zwiebel, Knoblauch und Thymian darin andünsten. Mais hinzufügen und kurz mitdünsten. Die Brühe angießen und den Mais zugedeckt bei schwacher Hitze in etwa 5 Minuten bissfest dünsten.

4. Die zerkleinerten Kräuter und die Sahne zum Mais geben und kräftig aufkochen lassen. Mit Salz und Pfeffer würzen.

Dazu schmeckt Minischnitzel (von Schwein, Kalb oder Huhn) oder auch Kartoffel- oder Kürbispüree.

MANGOLD
mit Kümmel und Paprika

Zutaten für 4 Portionen

700 g Mangold	⅛ l Gemüsebrühe
1 Zwiebel	150 g saure Sahne
2 EL Butter	Salz, Pfeffer aus der Mühle
1 TL Kümmelkörner	
1 TL rosenscharfes Paprikapulver	**Zeitbedarf** • 20 Minuten
2 TL edelsüßes Paprikapulver	

So geht's

1. Den Mangold putzen und waschen, die Blätter von den Stielen schneiden und grob hacken, die Stiele in Streifen schneiden. Die Zwiebel schälen, vierteln und ebenfalls in Streifen schneiden.

2. Die Butter in einem Topf zerlassen. Mangold-stiele und Zwiebel mit dem Kümmel darin bei mittlerer bis starker Hitze unter Rühren etwa 2 Minuten braten.

3. Die Blätter unterrühren, zweierlei Paprika darüberstäuben und kurz andünsten. Die Brühe angießen und den Mangold zugedeckt bei schwacher bis mittlerer Hitze in 3–4 Minuten bissfest garen. Die saure Sahne unterrühren und das Gemüse mit Salz und Pfeffer abschmecken. Mit frisch gekochten breiten Nudeln oder mit Spätzle gemischt essen.

TIPP Statt Mangold Spitzkohl in Streifen schneiden, den Kümmel mal durch Kreuzkümmel und das Paprika- durch Chilipulver ersetzen. Spitzkohl anbraten, mit der Brühe oder Cidre aufgießen und etwa 5 Minuten dünsten. Mit breiten Nudeln oder in Stücke gebrochenen Lasagneblättern servieren.

DAS IST *wirklich* WICHTIG

[a] BLUMENKOHL PUTZEN Den Blumenkohl waschen, den Strunk direkt unter dem Kohlkopf mitsamt den Blättern abschneiden. Weiter innen sitzende Blätter zupfen Sie einfach ab.

[b] BLUMENKOHL IN RÖSCHEN TEILEN Die einzelnen Röschen mit den Händen vom Strunk abbrechen, das geht besser als mit dem Messer. Größere Röschen in noch kleinere Stücke brechen. Den Strunk würfeln.

[c] INGWER VORBEREITEN Den Ingwer wie eine Kartoffel schälen, unebene Stellen am besten mit einem kleinen Messer säubern. Ingwer erst in Scheiben, dann in Streifen schneiden.

[d] CHILI ZERKLEINERN Zum Zerkleinern der Chilischote am besten Einweghandschuhe anziehen. Die Schote waschen und den Stiel abschneiden. Schote der Länge nach aufschneiden. Wer nicht ganz so scharf essen will, schneidet die Trennhäute mitsamt den Kernen ab. Die Schote fein hacken.

[d]

BLUMENKOHLCURRY
mit Safranreis

SCHÖN WÜRZIG UND WUNDERBAR LEICHT – PERFEKT FÜR
HEISSE SOMMERTAGE. SEHR FEIN AUCH MIT BROKKOLI!

Zutaten für 4 Portionen

1 Blumenkohl

300 g Kirschtomaten

1 Stück Ingwer (4 cm)

1 Zwiebel

1–2 rote Chilischoten

2 ½ EL Butterschmalz

2 Kardamomkapseln

1 Stück Zimtstange

2 Lorbeerblätter

je 1 TL Fenchel- und
Senfsamen

je 1 geh. TL gem. Kur-
kuma, Koriander und
Kreuzkümmel

375 ml Gemüsebrühe

Salz

250 g Langkornreis

1 Döschen Safran (0,1 g)

2 EL Cashewnüsse

1 EL Butter

nach Belieben 1 EL Rosinen

Zeitbedarf
•50 Minuten

So geht's

1. Den Blumenkohl putzen [→ a] und zerkleinern
[→ b]. Die Tomaten waschen und ganz lassen.
Den Ingwer schälen und klein schneiden [→ c].
Die Zwiebel schälen, achteln und in Streifen
schneiden. Die Chilischote zerkleinern [→ d].

2. 2 EL Butterschmalz in einem weiten Topf erhitzen, den Blumenkohl darin bei mittlerer Hitze
unter Rühren etwa 5 Minuten braten, aus dem
Topf nehmen. Restliches Butterschmalz zerlassen. Alle Gewürze mit Ingwer, Chili und Zwiebel
einrühren und 1–2 Minuten bei schwacher Hitze
unter Rühren braten. Die Brühe angießen, Tomaten und Blumenkohl dazugeben und salzen. Den
Blumenkohl zugedeckt etwa 15 Minuten schmoren, bis er gar, aber noch leicht bissfest ist.

3. Gleichzeitig mit dem Anbraten des Blumenkohls
den Reis mit ½ l Wasser, dem Safran und Salz
zum Kochen bringen und zugedeckt bei sehr
schwacher Hitze in etwa 15 Minuten körnig aus-
quellen lassen.

4. Die Cashewnüsse grob hacken, in der Butter
bei mittlerer Hitze unter Rühren goldbraun
braten. Unter den Reis rühren und abschmecken; wer mag, mischt auch die Rosinen unter.

5. Das Curry abschmecken und mit dem Reis
servieren.

Dazu passt außerdem Joghurt, eventuell mit etwas
gehackter Minze und Salz vermischt.

Die Variante

Orecchiette mit scharfem Blumenkohl

1 kleinen Blumenkohl
waschen und in kleine
Röschen brechen. 2 rote
Chilis in Ringe schneiden,
4 Knoblauchzehen fein
hacken. 400 g Orecchiette
in Salzwasser bissfest
kochen. Inzwischen den
Blumenkohl mit Chili und
Knoblauch in 2 EL Oliven-
öl anbraten, 2 Schöpflöffel
Nudelkochwasser angie-
ßen und den Blumenkohl
zugedeckt bei schwacher
Hitze in etwa 7 Minuten
bissfest garen. 4–8 Sar-
dellenfilets in Öl mit
½ Bund Petersilie fein
hacken, untermischen,
salzen. Mit den Nudeln
mischen und mit ge-
rösteten Pinienkernen
bestreuen.

HERBST
kräftige Aromen

LEUCHTEND ORANGEFARBENE KÜRBISSE, KRÄFTIG ROTE KOHLKÖPFE UND FRISCHER GRÜNER WIRSING LADEN JETZT ZUM SCHLEMMEN EIN. DAZU ALLERLEI RÜBEN UND DER ERSTE KNACKIGE FELDSALAT!

HERBSTGEMÜSE
kennenlernen & zubereiten

FELDSALAT

Das ist wichtig Der Salat muss knackig grün aussehen, gelbe oder welke Blätter sind ein schlechtes Zeichen. Feldsalat nur wenige Tage aufbewahren. Immer gründlich waschen, um Erd- und Sandreste zwischen den Blättern komplett zu entfernen. Am besten die Wurzeln, die die Blattrosetten zusammenhalten, abknipsen und die Blätter mehrmals in stehendem kaltem Wasser durchschwenken. Dann gut trocken schütteln.

Das kann man damit machen Feldsalat schmeckt pur oder mit anderen Sorten gemischt als Salat. Fein mit geraspelten rohen Möhren, gekochten Roten Beten in Streifen, Kürbisspalten aus dem Ofen oder mit gebratenen Pilzen.

HERBSTRÜBE

Das ist wichtig Die kleine bis mittelgroße gelbliche Rübe schmeckt wie eine Mischung aus Kohlrabi und Steckrübe. Die Rübe können Sie im Gemüsefach des Kühlschranks mindestens eine Woche lagern.

Das kann man damit machen Herbstrüben schmecken gedünstet besonders fein: schälen, vierteln, in dünne Scheiben schneiden und in etwas Salzwasser zugedeckt in 5–6 Minuten bissfest garen. Kochflüssigkeit abgießen. Rüben mit Butter, gehackter Petersilie und abgeriebener Orangenschale, Salz und Pfeffer würzen. Auch gut: als Püree zubereiten (wie Kürbispüree auf Seite 84). Oder in Stifte schneiden und in Öl bissfest braten, am besten im Wok.

KNOLLENSELLERIE

Das ist wichtig Knollensellerie wird oft mit Stielen und Blättern angeboten. Im Gegensatz zu den Stielen vom Staudensellerie kann man diese jedoch nicht essen, sie sind faserig und leicht bitter. Die Knolle hält sich im Ganzen 1–2 Wochen frisch, angeschnitten in Frischhaltefolie nochmals einige Tage. Auf dem Markt können Sie fast immer auch eine halbe oder viertel Knolle kaufen. Beim Putzen die Schale abschneiden und vor allem am Wurzelansatz gründlich schälen, da die Knolle dort oft sehr unregelmäßig ist.

Das kann man damit machen Sellerie schmeckt roh und gekocht als Salat, als Püree (pur oder mit Kartoffeln gemischt), als Suppe und mit anderem Gemüse in einem Eintopf.

KÜRBIS

Das ist wichtig Inzwischen können Sie zwischen vielen verschiedenen Sorten wählen. Muskatkürbisse haben ein kräftig orangerotes Fleisch und einen feinen Geschmack. Butternut-Kürbisse haben keine Kerne und ein helles, ebenfalls sehr delikates Fruchtfleisch. Hokkaidokürbisse sind das ganze Jahr über zu haben, man kann sogar die Schale mitgaren. Und Spaghettikürbisse haben ein spaghettiähnliches Fleisch, das sich nach dem Garen wie die Nudeln auseinanderlösen lässt und mit Sauce schmeckt. Am wenigsten Geschmack haben Riesenkürbisse. Hokkaido-, Butternut- und Spaghettikürbisse gibt es im Ganzen, sie halten sich (vorausgesetzt, die Schale ist unversehrt) an einem kühlen Ort mehrere Monate; Stücke vom Muskatkürbis sind in Folie gewickelt im Kühlschrank etwa eine Woche haltbar.

Das kann man damit machen Kürbis schmeckt auch als Rohkost, hat gegart aber mehr Aroma. Er schmeckt in Spalten im Ofen gebacken auf Salat oder mit einer Sauce, als Suppe, Eintopf oder Curry und als Püree. Auch als Füllung für Ravioli oder im Risotto fein.

MARONEN / ESSKASTANIEN

Das ist wichtig Sie gehören zu einer anderen Familie als die Rosskastanien, die die Kinder im Herbst sammeln. In den Handel kommen sie ohne die stachelige Fruchthülle. Frische Kastanien haben eine glänzend braune Haut.

Das kann man damit machen Kastanien einfach an der gewölbten Seite einschneiden und im Backofen bei 180 °C (Ober- und Unterhitze; Umluft 160 °C) 15–20 Minuten backen, bis die Schale aufplatzt. Dann lassen sie sich leicht schälen. Die braune Schale aufbrechen und auch die dünne bräunliche Haut darunter entfernen. Kastanien pur als Imbiss zum Wein essen oder weiterverarbeiten: gut als Suppe oder Püree, aber auch auf dem Salat oder in einer Füllung, etwa für Ravioli.

PASTINAKEN

Das ist wichtig Sie ähnelt der Petersilienwurzel, ist allerdings meist leicht gelblich, größer und oben dicker und unten spitzer zulaufend. Sie schmeckt sehr aromatisch und würziger als die Petersilienwurzel. Kühl gelagert bleiben Pastinaken mehrere Wochen frisch.

Das kann man damit machen Pastinaken schmecken gegart besser als roh. Das Gemüse bürsten oder schälen und dünsten, schmoren oder braten. Auch als Cremesuppe fein.

PETERSILIENWURZELN

Das ist wichtig Sie sind kleiner, schlanker und etwas heller als Pastinaken.

Das kann man damit machen Da sie leicht süßlich schmecken wie Möhren, können Sie sie roh geraspelt als Salat anmachen, aber auch als Gemüse dünsten oder schmoren, als Suppe oder Püree zubereiten.

ROTE / GELBE BETE

Das ist wichtig Beide sollten eine unversehrte Schale haben und schön prall aussehen. Im Gemüsefach des Kühlschranks können Sie sie 1–2 Wochen lagern. Gelbe Beten sind kräftig orangerot. Sie schmecken etwas milder und haben eine kürzere Garzeit. Beim Garen sollten Sie die beiden Sorten nicht mischen, sonst werden alle rot. Rote Bete gibt es gekocht und geschält vakuumverpackt das ganze Jahr über zu kaufen. Die Knollen sind ohne Zusätze in Folie verschweißt, meist aber sehr weich gekocht.

Das kann man damit machen Roh geraspelt als Salat genießen oder in hauchdünnen Scheiben als Carpaccio servieren (z. B. mit einer Sauce aus 2 EL naturtrübem Apfelsaft, 2 EL Apfelessig, 1 TL Quittengelee bzw. Apfeldicksaft, 1 TL frisch geriebenem Meerrettich, Salz und 4 EL Rapsöl), gekocht in Scheiben als Salat mit roten Zwiebeln und Kümmel, gekocht und püriert als Suppe, in Würfeln im Eintopf oder in Schnitzen aus dem Ofen.

ROTKOHL

Das ist wichtig Die Köpfe müssen schwer und prall sein, die Blätter sollen glänzen und kräftig violett leuchten. Unangeschnitten lagern Sie den Kohl am besten im kühlen Keller, einmal angeschnitten mit Frischhaltefolie abgedeckt etwa eine Woche im Kühlschrank.

Das kann man damit machen Rotkohl schmeckt roh geraspelt als Rohkost, dann wie den weißen Kohl mit Salz mischen und kräftig durchkneten, bis die Streifen elastisch werden. Als Gemüse gedünstet mit Zwiebeln oder Äpfeln bzw. anderen Früchten. Aber auch als Hülle für Kohlrouladen sehr fein.

STECKRÜBE

Das ist wichtig Die gelben bis braunroten Rüben können bis zu 1,5 kg schwer werden und haben einen kräftigen Geschmack. Ganze Rüben müssen fest und unverletzt sein, Stücke an den Schnittstellen noch feucht aussehen. Angeschnitten halten Steckrüben im Kühlschrank in Folie etwa eine Woche.

Das kann man damit machen Die würzige Rübe schmeckt gegart besser als roh, z. B. als Suppe oder Püree. Versuchen Sie auch mal Steckrüben-Wedges: 1 kg Steckrüben schälen und in etwa 1 cm dicke Spalten schneiden.

Mit 4 EL Öl, Salz und Pfeffer mischen und auf dem mit Backpapier belegten Backblech ausbreiten. Bei 200 °C (Ober- und Unterhitze; Umluft 180 °C) in etwa 25 Minuten weich und knusprig braten, zwischendurch ein- bis zweimal wenden. Als Beilage servieren oder mit einem Dip essen.

WEISSKOHL

Das ist wichtig Er hat einen besonders hohen Vitamin-C-Gehalt und stärkt das Immunsystem. Pralle und feste Köpfe kaufen. Ein feiner Glanz auf der Haut kommt von einer natürlichen Wachsschicht, die der Kohl selbst bildet.
Das kann man damit machen Weißkohl schmeckt roh als Salat, gebraten aus dem Wok, gedünstet und geschmort als Gemüse oder als Hülle für feine Rouladen.

WIRSING

Das ist wichtig Der hell- bis dunkelgrüne Kohl mit den krausen Blättern hat etwas lockerere Köpfe als Weiß- oder Rotkohl. Die Blätter sollen knackig und kräftig aussehen.
Das kann man damit machen Wirsing schmeckt gegart besser als roh.

ZUCKERHUT

Das ist wichtig Der Salat mit den langen, schlanken hellgrünen Köpfen sieht aus wie ein zarter Kohl, ist aber mit dem Endiviensalat verwandt. Der würzige Salat mit dem leicht bitteren Geschmack soll fest und knackig aussehen. Im Gemüsefach des Kühlschranks können Sie ihn 4–5 Tage aufheben.
Das kann man damit machen Die Blätter schmecken als Salat, aber auch gebraten oder gedünstet. Sie können ihn in allen Rezepten durch Endiviensalat ersetzen.

TOPPINGS FÜR CREME-SUPPEN

Nach dem Rezept für die Kürbissuppe (Seite 83) können Sie aus allen Herbst- und Winterrüben cremige Suppen kochen. Mit einem interessanten Topping schmecken sie immer wieder anders. Versuchen Sie mal diese:

ZITRONEN-GREMOLATA

Die Schale von 1 großen Bio-Zitrone dünn (ohne das Weiße) abschneiden und mit 2 geschälten Knoblauchzehen und den Blättern von 1 Bund Petersilie fein hacken. Mischen, salzen und pfeffern und auf die Suppe streuen.

KNUSPERNÜSSE

100 g fein geriebene Haselnusskerne in 1 ½ EL Butter bei mittlerer Hitze unter Rühren knusprig braten. Mit etwas abgeriebener Zitronenschale, Chilipulver und Salz würzen und auf die Suppe streuen.

MEERRETTICH-CRÔUTONS

2 Scheiben Toastbrot entrinden und würfeln. In 1 EL Butter bei mittlerer Hitze knusprig braten. Vom Herd ziehen. 2 cm frische Meerrettichwurzel schälen und darüberreiben. Untermischen, leicht salzen und auf die Suppe streuen.

PAPRIKA-FETA

100 g Feta (Schafskäse) in kleine Krümel brechen und mit je ½ TL edelsüßem und rosenscharfem Paprikapulver mischen. Auf die Suppe streuen, eventuell noch mit etwas Kürbiskernöl beträufeln.

[a]

SO LANG KRÄFTIG KNETEN, BIS DIE STREIFEN GESCHMEIDIG WERDEN

[b]

[c]

DAS IST *wirklich* WICHTIG

[a] KOHL VORBEREITEN Vom Kohlkopf alle welken Blätter ablösen, den Kohl vierteln und seitlich aufs Brett legen. Den dicken Strunk in der Mitte komplett abschneiden. Den Kohl in feine Streifen schneiden oder mit dem Gurkenhobel in dünne Streifen hobeln.

[b] KOHL KNETEN Die Kohlstreifen in einer Schüssel mit 2 TL Salz mischen und mit den Händen mindestens 5 Minuten lang kräftig durchkneten. Die Kohlstreifen müssen dann deutlicher geschmeidiger sein und leicht glasig aussehen.

[c] SERVIERTIPP Für eine feine Vorspeise etwa 250 g rohe Garnelen schälen, putzen, längs halbieren und in Sesamsamen wälzen. In 2 EL Öl bei mittlerer Hitze pro Seite etwa 1 Minute braten, salzen und auf dem Salat anrichten.

WEISSKOHLSALAT
mit Ingwer

DER SPITZENREITER UNTER DEN VITAMIN-C-LIEFERANTEN IST
ROH SERVIERT NOCH MAL SO GESUND.

Zutaten für 4 Portionen

1 kleiner oder ½ Weiß-
kohl oder 1 Spitzkohl
(600 – 700 g)

Salz

1 Stück frischer Ingwer
(3 cm)

1 kleine rote Zwiebel

2 EL Reisessig

1 EL Fischsauce oder
helle Sojasauce

½ TL Sambal oelek

1 TL Honig oder
Ahornsirup

4 EL neutrales Öl

nach Belieben ½ kleine
Mango oder 1 Stück
Ananas

Zeitbedarf
• 30 Minuten +
  30 Minuten ruhen

So geht's

1. Den Kohl putzen und vierteln. Den Strunk entfernen und die Viertel hobeln [→ a]. Die Kohlstreifen in einer Schüssel mit 2 TL Salz durchkneten [→ b]. 30 Minuten ruhen lassen.

2. Den Ingwer schälen und fein hacken. Die
Zwiebel schälen, vierteln und in feine Streifen
schneiden. Für die Sauce den Essig mit der
Fischsauce oder Sojasauce, dem Sambal oelek
und dem Honig oder Ahornsirup verrühren, das
Öl nach und nach unterschlagen.

3. Ingwer und Zwiebel mit der Sauce unter den
Kohl mischen und den Salat abschmecken.
Nach Belieben Mango oder Ananas schälen,
fein würfeln und unterheben.

Die Varianten

Krautsalat mit Speck
Weißkohl in Streifen
schneiden und mit 1 TL
Salz durchkneten. 100 g
durchwachsenen Räucher-
speck würfeln und in einer
Pfanne bei mittlerer Hitze
glasig braten. 1 gewürfelte
Zwiebel zugeben und kurz
mitbraten. Mit 2 EL Essig
ablöschen, pfeffern und
unter die Kohlstreifen
mischen. 15 Minuten durchziehen lassen, abschme-
cken und servieren.

Zuckerhutsalat mit Datteln
300 g Zuckerhut waschen,
trocken schütteln und in
Streifen schneiden. 100 g
Datteln entkernen und in
Streifen schneiden. 2 EL
Zitronensaft mit 1 TL Apfeldicksaft, 1 – 2 TL frisch
geriebenem Meerrettich,
1 EL Rapsöl und 50 g Sahne
verrühren und mit Salz
abschmecken. Zuckerhut
und Datteln damit mischen
und abschmecken.

DAS IST
wirklich
WICHTIG

....

[a] KÜRBIS PUTZEN Schneiden Sie den Kürbis erst in Spalten, dann lässt er sich leichter vorbereiten. Dann die Kerne in der Mitte mitsamt dem faserigen Kürbisfleisch mit einem Löffel herauskratzen. Wenn noch Fasern zu sehen sind, schneiden Sie sie mit einem kleinen Messer ab.

[b] KÜRBIS SCHÄLEN Die Stücke seitlich aufs Brett legen. Schneiden Sie jetzt die Schale Stück für Stück mit einem langen, stabilen Messer ab.

[c] PILZE PUTZEN Pilze saugen sich leicht mit Wasser voll, deshalb am besten nicht waschen. Wischen Sie Erdreste mit einem trockenen oder leicht feuchten Küchenpapier ab oder entfernen Sie sie mit einer Pilzbürste. Unschöne Stellen mit dem Messer abschneiden.

[a]

[c]

KÜRBISSUPPE
mit gebratenen Pilzen

EINE FEINE, KRÄFTIG ORANGEROTE SUPPE, DIE IM HERBST SO RICHTIG GUT SCHMECKT UND SICH AUF IMMER WIEDER ANDERE ART WÜRZEN UND SERVIEREN LÄSST.

Zutaten für 4 Portionen

1 Stück Kürbis (etwa 1 kg)

1 Zwiebel

1 Stück Ingwer (1 cm)

4 Wacholderbeeren

¼ TL Korianderkörner

3 EL Butter

1 l Fleisch- oder Gemüse-brühe

250 g Pilze (z. B. Kräuter-seitlinge oder Egerlinge)

½ Bund Rucola oder Petersilie

Salz, Pfeffer aus der Mühle

1 EL Olivenöl

Schale von ½ Bio-Zitrone

Zum Würzen beim Essen: Kürbiskern- oder Chiliöl

Zeitbedarf
• 30 Minuten

So geht's

1. Den Kürbis putzen [→ a], schälen [→ b] und in etwa 1 cm große Würfel schneiden. Die Zwiebel und den Ingwer schälen und fein hacken. Wacholderbeeren und Korianderkörner im Mörser grob zerstoßen.

2. In einem Suppentopf 1 ½ EL Butter zerlassen, den Kürbis mit Zwiebel, Ingwer und den zer-stoßenen Gewürzen darin andünsten. Die Brühe angießen und zum Kochen bringen.

3. Den Kürbis bei mittlerer Hitze in der Brühe zugedeckt in etwa 15 Minuten weich kochen.

4. Inzwischen die Pilze putzen [→ c] und in knapp ½ cm dicke Scheiben schneiden. Rucola oder Petersilie waschen und trocken schütteln, mittelfein hacken.

5. Die Suppe im Topf fein pürieren und mit Salz und Pfeffer abschmecken. Zugedeckt warm halten.

6. Die übrige Butter und das Öl in einer Pfanne erhitzen. Die Pilze darin bei starker Hitze unter Rühren 2–3 Minuten braten, salzen und pfef-fern. Die Zitronenschale dazureiben, die Kräuter untermischen und zusammenfallen lassen. Die Kürbissuppe auf Teller verteilen und die Pilze darauf anrichten. Bei Tisch nach Belieben mit Kürbiskern- oder Chiliöl beträufeln.

Die Variante

Kürbis-Kokos-Suppe mit Limette
Den Kürbis vorbereiten und würfeln. 2 gehackte Knoblauchzehen, 1 cm gehackten Ingwer und 1 getrocknete zerkrümelte Chilischote in 1 EL Öl andünsten. Kürbis kurz mitbraten. Mit 400 ml Kokosmilch und 600 ml Gemüsebrühe aufgießen und in etwa 15 Minuten weich kochen. Pürieren, mit der Schale und dem Saft von 1 Bio-Limette, 1 TL Honig und Salz ab-schmecken. Mit Koriander-blättern oder Kresse bestreuen.

KÜRBIS-SELLERIE-
Püree

Zutaten für 4 Portionen

1 Stück Kürbis (etwa 800 g)	**Zeitbedarf** • 25 Minuten
1 Stück Knollensellerie (etwa 350 g)	
Salz, Pfeffer aus der Mühle	
60 g Butter	
50 g Sahne	
etwa 20 kleine Salbeiblättchen	

So geht's

1. Den Kürbis putzen und schälen, den Sellerie schälen. Beides in etwa 1 cm große Würfel schneiden und mit Wasser zum Kochen bringen. Salzen, pfeffern und zugedeckt bei mittlerer Hitze in etwa 15 Minuten weich kochen.

2. Die Flüssigkeit abgießen und das Gemüse mit dem Kartoffelstampfer fein zerdrücken. 2 EL Butter in kleine Würfel schneiden und mit der Sahne unterrühren. Abschmecken und zugedeckt warm halten.

3. Die Salbeiblättchen waschen und gut trocken tupfen. Die übrige Butter erhitzen und die Blättchen darin bei starker Hitze in etwa 2 Minuten knusprig braten. Mit der Butter auf dem Püree verteilen.

SAHNEKÜRBIS
mit Chili

Zutaten für 4 Portionen

1 Stück Kürbis (etwa 800 g)	**Zeitbedarf** • 25 Minuten
1 Zwiebel	
1 rote Chilischote	
2 EL Butter	
75 ml Gemüsebrühe	
100 g Sahne	
Salz	
1 Bund Schnittlauch	

So geht's

1. Den Kürbis putzen und schälen und mit dem Gurkenhobel in dünne Scheiben schneiden. Die Zwiebel schälen und fein hacken. Die Chilischote waschen, den Stiel abschneiden und die Schote in feine Ringe schneiden. Wer das Gemüse weniger scharf mag, entfernt die Kerne.

2. Die Butter in einem Topf zerlassen, Zwiebel und Chiliringe darin bei mittlerer Hitze unter Rühren andünsten. Den Kürbis unterrühren und kurz mitdünsten.

3. Dann Brühe und Sahne angießen, den Kürbis salzen und zugedeckt bei schwacher Hitze in etwa 8 Minuten bissfest garen. Zwischendurch umrühren. Den Schnittlauch waschen, trocken schütteln und in Röllchen schneiden. Kürbis abschmecken und mit dem Schnittlauch bestreuen.

DAS KÜRBIS-SELLERIE-PÜREE passt sehr gut zu Koteletts oder Schnitzeln, schmeckt aber auch mit anderem Gemüse wie Blattspinat oder Grünkohl.

DER SAHNIGE KÜRBIS schmeckt besonders gut zu kurz gebratenen dünnen Schnitzeln von Schwein, Kalb oder Huhn, aber auch zu Fischfilets, etwa Saibling.

OFENKÜRBIS
auf Feldsalat

KÜRBISGRATIN
mit Äpfeln

Zutaten für 4 Portionen

1 Hokkaidokürbis (etwa 800 g)	1 Kästchen Gartenkresse
6 EL Olivenöl	150 g zarter Feldsalat oder andere Blattsalate
Salz, Pfeffer aus der Mühle	
1 Bio-Orange	
1 TL scharfer Senf	**Zeitbedarf**
1 EL Zitronensaft oder Weißweinessig	• 35 Minuten

Zutaten für 4 Portionen

1 EL Butter für die Form	150 g Edelpilzkäse (z. B. Gorgonzola)
1 Stück Kürbis (etwa 900 g)	
300 g säuerliche Äpfel	**Zeitbedarf**
1 Bund Petersilie	• 30 Minuten + 30 Minuten backen
Salz, Pfeffer aus der Mühle	
100 g Sahne	

So geht's

1. Den Backofen auf 180 °C (Ober- und Unterhitze; Umluft 160 °C) vorheizen. Das Backblech mit Backpapier auslegen. Den Kürbis waschen, schälen und achteln. Die Achtel putzen und in etwa 1 cm dicke Spalten schneiden. In einer Schüssel mit 2 EL Öl, Salz und Pfeffer mischen und dann nebeneinander aufs Blech legen. Im Ofen (Mitte) in etwa 20 Minuten weich backen. Lauwarm oder ganz abkühlen lassen.

2. Für die Sauce die Orange heiß waschen, abtrocknen und die Schale fein abreiben. Eine Hälfte auspressen. Saft und Schale mit Senf und Zitronensaft oder Essig verrühren, salzen und pfeffern. Das restliche Öl cremig unterschlagen. Kresse abschneiden und unterrühren.

3. Den Feldsalat gründlich waschen und trocken schütteln. Auf Teller verteilen, die Kürbisspalten darauf anrichten. Mit der Sauce beträufeln und mit knusprigem Weißbrot servieren.

So geht's

1. Eine eher flache ofenfeste Form mit Butter ausstreichen. Den Kürbis putzen, schälen und in dünne Scheiben schneiden.

2. Den Backofen auf 200 °C (Ober- und Unterhitze; Umluft 180 °C) vorheizen. Die Äpfel vierteln, schälen und das Kerngehäuse herausschneiden. Apfelviertel in schmale Spalten schneiden. Die Petersilie waschen und trocken schütteln. Die Blätter abzupfen und fein hacken.

3. Den Kürbis und die Äpfel lagenweise in die Form schichten. Dabei jede Schicht mit etwas Petersilie bestreuen und mit Salz und Pfeffer würzen. Die Sahne seitlich angießen. Den Käse würfeln und auf der Oberfläche verteilen. Das Gratin im heißen Ofen (Mitte) etwa 30 Minuten backen, bis der Kürbis weich und die Oberfläche schön braun ist.

DAS KÜRBISGRATIN schmeckt zu Lamm- oder Schweinekoteletts, Hackbällchen oder Salzkartoffeln.

RÜBEN-WEDGES
mit Dip und Birnentatar

JE BUNTER DIE MISCHUNG DER RÜBEN, DESTO FEINER DAS ESSEN. LEGEN SIE AUFS BLECH, WAS SIE GERADE BEKOMMEN. ABER IMMER NACH SORTEN GETRENNT.

Zutaten für 4 Portionen

1 kg Rüben (Rote Bete, Gelbe Bete, Steckrüben, Möhren, Pastinaken oder Petersilienwurzeln, entweder 1 Sorte oder gemischt)

Salz, Pfeffer aus der Mühle

3 EL Öl

100 g Edelpilzkäse

250 g saure Sahne

1 TL edelsüßes Paprikapulver

1 Kästchen Gartenkresse

1 Handvoll Walnusskerne

1 EL Zucker

1 – 2 Birnen (etwa 400 g)

½ Bio-Zitrone

2 – 3 TL scharfer Senf

1 TL flüssiger Honig oder Birnendicksaft

Zeitbedarf
• 30 Minuten +
25 – 40 Minuten backen

So geht's

1. Den Backofen auf 200 °C (Ober- und Unterhitze; Umluft 180 °C) vorheizen. Das Backblech mit Backpapier auslegen.

2. Das Gemüse schälen und zerkleinern [→ a]. In einer Schüssel mit Salz, Pfeffer und dem Öl mischen. Wenn Sie auch Rote Bete verwenden, diese getrennt mit Salz, Pfeffer und Öl mischen, sonst werden alle Rüben rötlich.

3. Die Rüben nach Sorten getrennt (wieder vor allem die Roten Beten) auf dem Backblech auslegen und im Ofen (Mitte) backen. Rote Beten brauchen etwa 40 Minuten, Möhren etwa 35 Minuten, Steckrüben, Pastinaken und Petersilienwurzeln 25 – 30 Minuten.

4. Inzwischen für den Käse-Kresse-Dip den Käse mit einer Gabel fein zerdrücken und mit der sauren Sahne, Salz, Pfeffer und Paprikapulver gründlich verrühren. Die Kresse mit einer Schere abschneiden und untermischen.

5. Für das Birnentatar die Walnusskerne in kleine Stücke brechen und mit dem Zucker in einem Topf bei mittlerer Hitze erwärmen, bis der Zucker geschmolzen ist [→ b]. Auf einen Teller schütten. Die Birnen vierteln, schälen und vom Kerngehäuse befreien. Fein hacken. Zitronenhälfte heiß waschen und abtrocknen, die Schale fein abreiben und den Saft auspressen. Die Schale und 1 EL Saft zu den Birnen geben. Senf, Honig und Nüsse untermischen und das Tatar mit Salz abschmecken.

6. Die Rüben-Wedges mit dem Dip und dem Tatar und knusprigem Brot servieren.

DAS IST *wirklich* WICHTIG

[a] GEMÜSE SCHNEIDEN Das Gemüse ungefähr gleich groß schneiden und nicht zu dünn, damit es nicht verbrennt. Rote und Gelbe Beten und Steckrüben in ca. 2 cm dicke Schnitze, Möhren längs halbieren und in 5 cm lange Stücke, Pastinaken und Petersilienwurzeln längs vierteln und in 5 cm lange Stücke schneiden.

[b] NÜSSE KARAMELLISIEREN Die Nüsse mit dem Zucker nur so lange erhitzen, bis der Zucker schmilzt und leicht braun wird. Dabei immer rühren. Sobald der Zucker dunkler wird, die Pfanne vom Herd ziehen. Die Nüsse auf einen Teller umfüllen, damit sie nicht weitergaren und verbrennen.

IMMER DABEI BLEIBEN, DAMIT DER KARAMELL NICHT ZU DUNKEL WIRD

[b]

[a]

DAS IST *wirklich* WICHTIG

[a] GRÄTEN ENTFERNEN Mit dem Finger über das Fischfilet streichen. Sind Gräten zu spüren, diese vorsichtig mit der Pinzette herausziehen. Das Fischfleisch dabei mit den Fingern neben der Gräte fixieren, damit das zarte Fleisch nicht reißt.

[b] SANFT GAREN Das Fischfilet bei schwacher Hitze garen: Es soll nicht braun, sondern nur gar werden. Sie sehen das an der Farbe: Sowohl Saibling als auch Lachs verändern die Farbe vom kräftigen Lachsrot zu einem zarten Rosaorange.

PETERSILIENWURZELCURRY
mit Lauch und Fischfilet

AROMATISCH WÜRZIGES GEMÜSE IN LEICHT SCHARFER SAUCE – ZUSAMMEN MIT
DEM ZARTEN FISCH EIN GANZ FEINES ESSEN, DAS AUCH GÄSTEN SCHMECKT.

Zutaten für 4 Portionen

500 g Petersilienwurzeln

2 Stangen Lauch

1 rote Chilischote

4 Knoblauchzehen

1 Stück Ingwer (3 cm)

3 EL neutrales Öl

400 ml Gemüse- oder
Hühnerbrühe oder
400 ml Kokosmilch +
100 ml Wasser

2 TL rote Currypaste
(aus dem Asienladen)

Salz

2–3 EL Limetten- oder
Zitronensaft

600 g Saibling- oder
Lachsfilet

Korianderblättchen zum
Bestreuen

Zeitbedarf
• 35 Minuten

So geht's

1. Die Petersilienwurzeln schälen und in etwa
1 cm große Würfel schneiden. Den Lauch
waschen, putzen und in etwa 1 cm breite Streifen
schneiden. Die Chilischote waschen, den Stiel
abschneiden und die Schote mit den Kernen
in Ringe schneiden. Den Knoblauch und den
Ingwer schälen und zuerst in Scheiben, dann
in Stifte schneiden.

2. In einem Topf die Hälfte des Öls erwärmen.
Das Gemüse mit Chili, Knoblauch und Ingwer
darin unter Rühren andünsten. Mit der Brühe
oder der Kokosmilch und dem Wasser aufgießen. Die Currypaste gründlich unterrühren
und das Gemüse mit Salz und Limettensaft abschmecken. Zugedeckt bei schwacher Hitze in
etwa 10 Minuten bissfest schmoren.

3. Inzwischen das Fischfilet kalt abspülen und trocken tupfen, Gräten eventuell entfernen [→ a].
Fischfilet in etwa ½ cm dicke Scheiben schneiden. Das übrige Öl in einer Pfanne erhitzen.
Fischscheiben darin bei schwacher Hitze etwa
1 Minute braten [→ b], vorsichtig wenden und
nochmals 1 Minute braten, salzen. Das Curry
abschmecken und mit den Fischscheiben
belegen. Vor dem Servieren mit Korianderblättchen bestreuen.

Dazu schmeckt Basmatireis am besten.

Die Variante

Rotkohl-Rote-Bete-Topf mit Bratwurst
Je 500 g Rotkohl und Rote
Bete waschen bzw. schälen
und in feine Streifen
schneiden. Mit 1 geviertel-
ten, in Streifen geschnitte-
nen Zwiebel in 1 EL Öl und
1 EL Butter andünsten.
Mit Salz und 1 TL Kümmel
würzen und 300 ml Brühe
angießen. Zugedeckt bei
schwacher Hitze in 25–30
Minuten bissfest garen.
Ab und zu umrühren und
bei Bedarf noch etwas
Brühe nachgießen. 400 g
rohe Bratwürste in 1–2 cm
lange Stücke schneiden
und in einer Pfanne in 1 EL
Öl unter Rühren 2–3 Minu-
ten braten. Mit 150 g saurer
Sahne unter das Gemüse
mischen und kurz ziehen
lassen. Abschmecken
und mit Kresse bestreut
servieren.

KOHL-PASTINAKEN-LASAGNE
mit Meerrettich und Speck

DER ITALIENISCHE KLASSIKER IN GANZ NEUER MISCHUNG: KOHL, PASTINAKE UND MEERRETTICH SORGEN FÜR VIEL GESCHMACK.

Zutaten für 4 Portionen

1 kleiner oder ½ Weiß- oder Spitzkohl (etwa 700 g)

1 Pastinake (etwa 200 g)

200 g durchwachsener Speck

1 Zwiebel

60 g Butter

⅛ l Gemüsebrühe

Salz, Pfeffer aus der Mühle

30 g Mehl

700 ml Milch

1 EL frisch geriebener Meerrettich

100 g saure Sahne

50 g frisch geriebener Parmesan oder Grana Padano

1 Bund Petersilie

200 g Lasagneblätter (ohne Vorkochen)

125 g Mozzarella

Zeitbedarf

• 50 Minuten +
  40 Minuten backen

So geht's

1. Den Kohl von allen welken Blättern befreien, vierteln, den dicken Mittelstrunk herausschneiden und die Viertel fein hacken. Die Pastinake schälen und sehr klein würfeln. Den Speck von Schwarte und Knorpeln befreien und ebenfalls fein würfeln. Die Zwiebel schälen und fein schneiden.

2. In einem Topf 10 g Butter zerlassen, Speck und Zwiebel darin bei mittlerer Hitze unter Rühren andünsten. Den Kohl und die Pastinake untermischen und andünsten. Die Brühe dazugießen, salzen, pfeffern und die Gemüse zugedeckt bei schwacher Hitze etwa 5 Minuten dünsten.

3. Inzwischen für die Béchamel 40 g Butter in einem anderen Topf schmelzen und das Mehl darin anschwitzen [→ a]. Die Milch dazugießen und alles 10 Minuten köcheln lassen. Die Sauce mit Meerrettich, Salz und Pfeffer würzen. Die saure Sahne und die Hälfte vom geriebenen Käse unter die Sauce rühren. Die Petersilie waschen und trocken schütteln, die Blättchen fein hacken und unter das Gemüse rühren.

4. Den Backofen auf 180 °C vorheizen (Ober- und Unterhitze; Umluft ist nicht geeignet, da wird die Lasagne trocken). In eine eckige ofenfeste Form etwas Béchamel gießen. Lasagneblätter und Kohl lagenweise einschichten, dabei jede Lage mit etwas Sauce begießen. Die letzte Lage sind Nudelblätter.

5. Die restliche Sauce darauf verteilen. Mozzarella klein würfeln und mit dem restlichen Parmesan auf die Oberfläche streuen. Übrige Butter in Flocken auflegen. Die Lasagne im Ofen (Mitte) etwa 40 Minuten backen, bis sie braun ist und die Nudelblätter weich sind.

SO SCHMECKT'S AUCH Ersetzen Sie den Kohl durch 800 g blanchierten Blattspinat und die Pastinake durch 300 g Kürbisfleisch. Den Speck weglassen und statt Mozzarella 150 g Edelpilzkäse nehmen.

DAS IST *wirklich* WICHTIG

[a] BÉCHAMEL KOCHEN

Das Mehl mit dem Kochlöffel unterrühren und hellgelb werden lassen.
Steigen Sie jetzt auf den Schneebesen
um und gießen Sie die Milch nach
und nach unter ständigem Rühren
dazu. Kräftig rühren, damit sich
keine Klümpchen bilden.

DAS MEHL
SO LANGE
ANSCHWITZEN,
BIS ES GOLD-
GELB UND
SCHAUMIG
IST

[a]

PANIERTE SELLERIESCHNITZEL
mit Kapern-Apfel-Remoulade

WÜRZIGES GEMÜSE IN KNUSPRIGER HÜLLE – SCHNITZEL, DIE NICHT NUR VEGETARIERN SCHMECKEN. FEIN AUCH MIT STECK- ODER HERBSTRÜBEN.

Zutaten für 4 Portionen

Für die Schnitzel:

1 Knollensellerie (etwa 800 g)

Salz, 1 EL Zitronensaft

5 EL Mehl

2 Eier (Größe M)

100 g Semmelbrösel

50 g frisch geriebener Parmesan

je 2 EL Öl und Butter

Für die Remoulade:

1 hart gekochtes Ei

1 EL Kapern

1 Gewürzgurke

½ Bund Schnittlauch

1 kleiner säuerlicher Apfel

150 g saure Sahne

50 g Mayonnaise (aus dem Glas)

2 TL Zitronensaft

Salz, Pfeffer aus der Mühle

Zeitbedarf
• 40 Minuten

So geht's

1. Den Sellerie gründlich schälen [→ a] und in 8 knapp 1 cm dicke Scheiben schneiden. Etwa ½ l Wasser mit Salz und Zitronensaft zum Kochen bringen. Die Selleriescheiben darin etwa 4 Minuten vorkochen, kalt abschrecken und abtropfen lassen.

2. Inzwischen für die Remoulade das Ei pellen, das Eiweiß fein schneiden und das Eigelb mit einer Gabel zerdrücken. Die Kapern grob hacken, die Gewürzgurke in kleine Würfel schneiden. Den Schnittlauch waschen, trocken schütteln und in Röllchen schneiden. Den Apfel schälen, vom Kerngehäuse befreien und ebenfalls fein würfeln. Saure Sahne und Mayonnaise mit dem Eigelb und dem Zitronensaft verrühren. Eiweiß, Kapern, Gurke, Apfel und Schnittlauch untermischen und die Remoulade mit Salz und Pfeffer abschmecken. Beiseitestellen.

3. Zum Panieren das Mehl auf einen Teller schütten, die Eier in einem zweiten Teller mit etwas Salz verquirlen. Die Semmelbrösel in einem dritten Teller mit dem Parmesan verrühren. Die Selleriescheiben zuerst ins Mehl legen, dann durch die Eier ziehen und zum Schluss in den Semmelbröseln wenden [→ b].

4. Das Öl und die Butter in zwei Pfannen erhitzen. Die Selleriescheiben darin bei schwacher bis mittlerer Hitze pro Seite etwa 5 Minuten braten. Mit der Remoulade und Brot oder Bratkartoffeln essen.

KNOLLENSELLERIE

[a]

DAS IST *wirklich* WICHTIG

[a] SELLERIE SCHÄLEN Knollensellerie ist vor allem an der Wurzelseite oft stark verzweigt. Schneiden Sie dort alle verwinkelten Stellen mit einem kleinen Messer sauber.

[b] PANIEREN Die vorgekochten Selleriescheiben erst im Mehl wenden, dann durchs Ei ziehen. Zum Schluss in die Semmelbrösel-Parmesan-Mischung legen und mehrmals wenden, bis die Scheiben komplett paniert sind. Damit sie locker wird, Panade aber nicht andrücken, sondern die „nackten" Stellen mit Bröselmischung bestreuen.

[b]

HÄHNCHENFRIKADELLEN
mit Lauch-Trauben-Gemüse

KRÄUTERWÜRZIG UND SAFTIG DIE FRIKADELLEN, AROMATISCH
UND FRUCHTIG DAS GEMÜSE. EINE KÖSTLICHE KOMBINATION.

Zutaten für 4 Portionen

Für die Frikadellen:

400 g Hähnchenbrustfilet

1 altbackenes Brötchen

1 Schalotte oder kleine Zwiebel

2 Knoblauchzehen

½ Bund Basilikum oder Minze

½ Bio-Orange oder -Zitrone

2 Eier (Größe M)

je 1 TL edelsüßes und rosenscharfes Paprikapulver

½ TL gem. Koriander, Salz

2 EL Olivenöl

Für das Gemüse:

600 g Lauch, Salz

250 g blaue Trauben

1 EL Butter, ½ EL Zucker

100 ml trockener Weißwein

Pfeffer aus der Mühle

1 EL Zitronensaft

Zeitbedarf
• 45 Minuten

So geht's

1. Das Hähnchenfleich kalt abbrausen und trocken tupfen. Häute und Sehnen entfernen. Hähnchen erst würfeln, dann mit einem großen schweren Messer sehr fein hacken. Das Brötchen in lauwarmem Wasser einweichen. Die Schalotte und den Knoblauch schälen und fein hacken. Kräuter waschen und trocken schütteln, die Blätter abzupfen und fein schneiden. Orangen- oder Zitronenhälfte heiß waschen und abtrocknen, die Schale fein abreiben.

2. Das Brötchen ausdrücken und fein zerkrümeln. Mit dem Hähnchenfleisch, Schalotte, Knoblauch, Kräutern, Zitrusschale und den Eiern in eine Schüssel geben, mit Paprika, Koriander und Salz würzen und kräftig durchkneten. Aus dem Fleischteig 8 Frikadellen formen.

3. Für das Gemüse den Lauch putzen und waschen [→ a] und in gut 1 cm breite Streifen schneiden. In kochendem Salzwasser 2–3 Minuten blanchieren, kalt abschrecken und abtropfen lassen. Die Trauben waschen und entkernen [→ b].

4. Für die Frikadellen das Öl in einer Pfanne erhitzen. Die Hähnchenfrikadellen darin bei schwacher bis mittlerer Hitze pro Seite etwa 5 Minuten braten.

5. Für das Gemüse die Butter mit dem Zucker in einem Topf schmelzen. Die Trauben einrühren und bei starker Hitze unter Rühren etwa 2 Minuten braten und leicht bräunen. Den Wein dazugießen, den Lauch untermischen und das Gemüse offen bei mittlerer Hitze in etwa 4 Minuten bissfest garen.

6. Das Lauchgemüse mit Salz, Pfeffer und Zitronensaft abschmecken und mit den Frikadellen servieren.

Dazu schmecken außerdem Brot oder Bratkartoffeln.

DAS IST *wirklich* WICHTIG

[a] LAUCH WASCHEN Beim Lauch versteckt sich oft zwischen den Schichten Sand oder Erde. Von der Stange den Wurzelschopf und die welken grünen Teile abschneiden. Die Stange dann der Länge nach halbieren und waschen, vor allem auch zwischen den Blättern. Biegen Sie diese dafür beim Abspülen auseinander.

[b] TRAUBEN ENTKERNEN Größere Trauben haben meist Kerne. Um sie zu entfernen, halbieren Sie die Trauben und lösen die Kerne mit der Messerspitze aus dem Fruchtfleisch.

DAS IST
wirklich
WICHTIG

[a] KASTANIEN VORBEREITEN Frische Kastanien mit der flachen Seite nach unten aufs Küchenbrett legen. Die Schale an der gewölbten Seite längs mit einem scharfen Messer einmal einschneiden. Legen Sie die Kastanien dann mit der eingeschnittenen Seite nach oben auf ein Backblech und rösten Sie sie im Ofen bei 180 °C (Ober- und Unterhitze; Umluft 160 °C) etwa 20 Minuten, bis die Schale sich am Einschnitt aufbiegt. Etwas abkühlen lassen, dann die Schale und die innere braune Haut ablösen.

[b] WIRSING VORBEREITEN Den Strunk großzügig abschneiden. Entfernen Sie alle welken Blätter und lösen Sie dann vorsichtig 12 intakte Blätter ab. Die Blätter waschen und die dicke Mittelrippe mit dem Messer flach schneiden, wenn sie sehr dick ist, auf beiden Seiten. Übrigen Wirsing anderweitig verwenden.

WIRSINGRÖLLCHEN
mit Kastanien-Ricotta-Füllung

KOHLROULADEN MAL ANDERS – MIT DEM WÜRZIGEN WIRSING
ALS HÜLLE UND MARONEN IN DER VEGETARISCHEN FÜLLUNG.

Zutaten für 4 Portionen

150 g Esskastanien
(Maronen, ersatzweise
100 g gekochte geschälte
Maronen)

1 Wirsing, Salz

½ Bio-Orange

2 Knoblauchzehen

1 Stange Lauch (das Weiße)

½ Bund Petersilie

250 g Ricotta

50 g saure Sahne

1 Ei (Größe M)

150 g frisch geriebener
Bergkäse

frisch geriebene
Muskatnuss

Pfeffer aus der Mühle

1 vorwiegend fest-
kochende Kartoffel (150 g)

je 1 EL Butter und Öl

350 ml Gemüsebrühe

2 EL Crème fraîche

Zeitbedarf
• 50 Minuten +
  35 Minuten schmoren

So geht's

1. Die Kastanien rösten, schälen und häuten [→ a],
dann in kleine Würfel schneiden. Inzwischen
12 Wirsingblätter ablösen und flach schneiden [→ b].
Die Blätter in kochendem Salzwasser 5 Minuten
blanchieren, abschrecken und abtropfen lassen.

2. Die Orangenhälfte heiß waschen, abtrocknen
und die Schale fein abreiben. Den Knoblauch
schälen und in eine Schüssel pressen. Den
Lauch waschen und fein hacken, die Petersilie
waschen, trocken schütteln und fein hacken.

3. Den Ricotta mit der sauren Sahne, dem Ei und
dem Käse zum Knoblauch geben und verrühren.
Kastanien, Orangenschale, Lauch und Petersilie
untermischen und alles mit Salz, Muskat und
Pfeffer abschmecken.

4. Die Wirsingblätter auf der Arbeitsfläche ausbreiten, die Füllung darauf verteilen. Die Ränder
nach innen klappen, die Blätter aufrollen und
mit Zahnstochern verschließen.

5. Die Kartoffel schälen und würfeln. Butter und
Öl in einem weiten Topf erhitzen. Wirsingröll-
chen darin anbraten und herausnehmen. Kar-
toffelwürfel im Bratfett schwenken, Brühe
dazugießen. Röllchen einlegen, zugedeckt bei
schwacher Hitze etwa 35 Minuten schmoren.

6. Röllchen aus dem Topf nehmen und warm stellen.
Kartoffeln fein zerdrücken oder kurz durchmixen.
Crème fraîche unterrühren und die Sauce mit
Salz und Pfeffer abschmecken. Die Wirsingröll-
chen mit der Kartoffelsauce servieren.

Die Variante

Rotkohlröllchen
mit Brätfüllung

1 Rotkohl putzen und
den Strunk keilförmig
herausschneiden. Kohl
in kochendem Salzwasser
5 Minuten kochen, ab-
schrecken und 16 Blätter
ablösen. 1 altbackenes
Brötchen in ⅛ l warmer
Milch einweichen, 300 g
Pastinaken oder Peter-
silienwurzeln schälen und
fein raspeln. Mit dem ausgedrückten, zerpflückten
Brötchen, 250 g Kalbsbrät
und 1 gehackten Zwiebel
mischen, mit Salz, Pfeffer,
Muskat und etwas Zitro-
nenschale abschmecken.
Je 2 Kohlblätter aufeinan-
derlegen, Brät-Gemüse-
Mischung darauf verteilen,
die Blätter zu Rouladen
wickeln und verschließen.
In 1 EL Butterschmalz
anbraten, dann in 400 ml
Brühe 45 Minuten zu-
gedeckt schmoren. Die
Sauce eventuell mit etwas
Crème fraîche verfeinern.

BANDNUDELN
mit Pastinaken- und Kohlstreifen

DAS PESTO AUS WÜRZIGEN FELDSALATBLÄTTERN GIBT DIESEM GERICHT
DAS GEWISSE ETWAS. SCHMECKT AUCH AUF GERÖSTETEM BROT.

Zutaten für 4 Portionen

100 g Feldsalat oder Portulak

100 g Pistazienkerne

1 Bio-Orange

100 ml Olivenöl

2 EL frisch geriebener Parmesan

Salz, Pfeffer aus der Mühle

400 g Bandnudeln

200 g Kohlblätter (Wirsing,
Weiß- oder Spitzkohl)

300 g Pastinaken (ersatzweise
Steckrüben, Herbstrüben oder
Petersilienwurzeln)

1 EL Butter

Chilipulver nach Geschmack

frisch geriebener Parmesan
zum Bestreuen

Zeitbedarf
• 30 Minuten

So geht's

1. Den Feldsalat oder Portulak putzen und waschen [→ a], trocken schütteln und grob hacken. Die Pistazienkerne ebenfalls grob hacken. Die Orange heiß waschen und abtrocknen, die Schale fein abreiben. Salat, Pistazien und Orangenschale mit dem Öl fein pürieren. Den Parmesan unterrühren und das Pesto mit Salz und Pfeffer abschmecken.

2. Für die Nudeln reichlich Wasser zum Kochen bringen und salzen. Die Bandnudeln darin nach Packungsanweisung bissfest garen.

3. Schon während das Nudelwasser heiß wird, den Kohl und die Pastinaken vorbereiten [→ b + c]. Die Butter in einem Topf zerlassen, Kraut und Rüben darin andünsten. 1 Schöpflöffel Nudelkochwasser (etwa 50 ml, ersatzweise Weißwein oder Cidre nehmen) dazugießen, mit Salz und Chili würzen und die Gemüsestreifen zugedeckt bei schwacher Hitze in etwa 4 Minuten bissfest dünsten.

4. Das Pesto mit 3 – 4 EL heißem Nudelkochwasser cremig verrühren. Die Nudeln abgießen und zum Gemüse geben, das Pesto untermischen. Die Nudeln auf vorgewärmte Teller verteilen. Mit frisch geriebenem Parmesan bestreut servieren.

[a]

DAS IST *wirklich* WICHTIG

[a] FELDSALAT PUTZEN Vom Feldsalat die Wurzelansätze abknipsen, dann lassen sich Sand und Erde besser aus den Blättern herauswaschen. Dazu die Blätter in stehendem Wasser hin und her schwenken. So oft, bis das Wasser sauber bleibt. Gut abtropfen lassen.

[b] KOHL VORBEREITEN Die Kohlblätter waschen und die dicke Mittelrippe wie einen Keil herausschneiden. Blätter dann aufeinander legen und in feine Streifen schneiden. Am besten klappen Sie die Blätter dazu einmal zusammen.

[c] PASTINAKEN SCHNEIDEN Die Pastinaken wie eine Kartoffel mit dem Sparschäler schälen. Dann mit dem Sparschäler weiter Streifen abschneiden, dabei die Pastinake immer mal wieder ein Stück drehen. Zum Schluss lässt sich nichts mehr abschälen: Das restliche Stück aufs Küchenbrett legen und mit dem Messer dünne Scheiben abschneiden.

[c]

RÜBEN-KARTOFFEL-PUFFER
mit Quittenmus

DIE FEIN DUFTENDEN, KRÄFTIG GELBEN QUITTEN SIND NUR
KURZE ZEIT ZU HABEN. GRUND GENUG, DIE SAISON ZU NUTZEN.

Zutaten für 4 Portionen

Für das Quittenmus:

800 g Quitten

½ Bio-Zitrone

½ Vanilleschote

1 Stück Chilischote

125 g Zucker

Für die Puffer:

500 g Steck- oder Herbstrüben

1 mehligkochende Kartoffel (etwa 200 g)

1 Kästchen Gartenkresse

1 Ei (Größe M)

4 EL Mehl

Salz, Pfeffer aus der Mühle

½ TL gem. Koriander

2 EL Butter

1 EL Öl

Zeitbedarf
• 1 Stunde

So geht's

1. Die Quitten vorbereiten [→ a] und in einen Topf geben. Die Zitronenhälfte heiß waschen, abtrocknen und die Schale abreiben. Die Vanilleschote längs aufschneiden und das Mark herausschaben. Das Stück Chilischote klein schneiden. Zitronenschale, Vanillemark, Chili und den Zucker zu den Quitten geben, etwa ¼ l Wasser hinzufügen, sodass sie knapp davon bedeckt sind. Zum Kochen bringen und zugedeckt bei schwacher Hitze in etwa 20 Minuten gut weich kochen.

2. Die Quitten dann abgießen (den Sud auffangen) und pürieren oder durch ein Sieb streichen. Wenn das Mus zu trocken ist, etwas Sud unterrühren. Abkühlen lassen und abschmecken.

3. Für die Puffer die Rüben und die Kartoffel schälen, waschen und fein reiben. Die Flüssigkeit abgießen [→ b]. Die Kresse abschneiden. Rübenraspel mit der Kresse, dem Ei und dem Mehl verrühren und mit Salz, Pfeffer und Koriander abschmecken.

4. Butter und Öl in einer großen Pfanne erhitzen. Aus der Rübenmasse mit einem Esslöffel Häufchen in die Pfanne setzen, etwas flach streichen und in Form drücken. Bei mittlerer Hitze 4 – 5 Minuten braten, wenden und noch einmal so lange braten. Heiß mit dem Quittenmus servieren.

TIPP Statt Steckrüben können Sie für die Puffer alle anderen Rüben nehmen: Herbstrüben, Rote oder Gelbe Beten, Möhren, Pastinaken, Petersilienwurzeln und sogar Kürbis. Und auch Kohl schmeckt gut: sehr fein hacken oder in der Küchenmaschine zerkleinern und mit den Kartoffelraspeln und den übrigen Zutaten mischen.

DAS IST *wirklich* WICHTIG

[a] QUITTEN VORBEREITEN Von den Früchten den flaumigen Belag mit Küchenpapier abwischen. Quitten mit einem großen Messer vierteln. Das Fruchtfleisch ist so hart, dass Sie es nicht so leicht einschneiden können wie einen Apfel. Schneiden Sie deshalb das Kerngehäuse von beiden Seiten aus bis zur Mitte ein und heben es dann ab. Quitten schälen und würfeln.

[b] FLÜSSIGKEIT ABGIESSEN Beim Raspeln von Kartoffeln und Rüben bildet sich Flüssigkeit. Diese sollten Sie so gut wie möglich entfernen. Die geraspelte Masse in der Schüssel mit den Händen an eine Seite drücken, die Schüssel leicht schräg über den Ausguss halten und die Flüssigkeit abfließen lassen.

[a]

QUITTENROTKOHL
mit Hirschmedaillons

Zutaten für 4 Portionen

2 Quitten (etwa 300 g)

1 EL Zitronensaft

1 kleiner Rotkohl (etwa 800 g)

2 Schalotten oder 1 rote Zwiebel

1 EL Butter

½ EL Zucker

200 ml aromatischer Weißwein, Cidre oder Gemüsebrühe

2 Gewürznelken

4 Wacholderbeeren

2 Lorbeerblätter

Salz, Pfeffer aus der Mühle

2 TL Honig oder Quittengelee

8 Hirschmedaillons (aus dem Filet, jeweils 2 ½ cm dick)

1 EL Öl

Zeitbedarf
• 1 ½ Stunden

So geht's

1. Die Quitten vorbereiten, schälen und in Schnitze schneiden (siehe Seite 101). Mit dem Zitronensaft mischen. Den Rotkohl waschen, vierteln und den harten Strunk aus der Mitte herausschneiden. Rotkohlviertel quer in dünne Streifen schneiden. Die Schalotten schälen und fein hacken.

2. Die Butter mit dem Zucker in einem Topf schmelzen. Rotkohl, Quitten und Schalotten darin unter Rühren ein paar Minuten dünsten. Den Wein dazugeben. Nelken, Wacholderbeeren und Lorbeerblätter untermischen. Den Kohl salzen und pfeffern.

3. Das Gemüse zugedeckt bei schwacher Hitze in etwa 1 Stunde bissfest schmoren. Dabei ab und zu umrühren und bei Bedarf noch etwas Flüssigkeit nachgießen.

4. Nach etwa 30 Minuten den Backofen auf 180 °C (Ober- und Unterhitze; Umluft 160 °C) vorheizen.

5. Den Kohl mit dem Honig oder dem Quittengelee und eventuell noch etwas Salz und Pfeffer abschmecken und warm halten.

6. Die Hirschmedaillons salzen und pfeffern. In einer backofentauglichen Pfanne (Griff!) das Öl erhitzen. Die Medaillons darin bei starker Hitze pro Seite 1 Minute braten. Anschließend im Ofen in etwa 7 Minuten fertig garen.

SO SCHMECKT'S AUCH Braten Sie zum fruchtigen Kohl statt der Hirschmedaillons auch mal Entenbrüste. Dafür die Haut der Entenbrüste kreuzförmig einschneiden. Entenbrüste auf beiden Seiten mit Salz und Pfeffer einreiben, in einer heißen Pfanne bei mittlerer Hitze auf der Hautseite etwa 8 Minuten braten. Wenden und zugedeckt etwa 6 Minuten weiterbraten. Damit die Haut wieder knusprig wird, die Entenbrüste mit der Haut nach oben 1 – 2 Minuten unter die heißen Grillschlangen schieben. In Alufolie gewickelt 5 Minuten ruhen lassen, in Scheiben schneiden und mit dem Kohl servieren.

HÄHNCHEN
mit Zuckerhut und Kohl

Zutaten für 4 Portionen

600 g Hähnchenbrust-filet (ohne Haut)	100 ml Gemüse- oder Hühnerbrühe
200 g Weißkohlblätter	150 g Sahne
250 g Zuckerhut	1 Kästchen Garten-kresse
150 g Edelpilzkäse	
2 EL Butter	
1 EL Öl	**Zeitbedarf**
Salz, Pfeffer aus der Mühle	• 30 Minuten

So geht's

1. Das Hähnchenfleisch abspülen, trocken tupfen und in feine Streifen schneiden. Die Weißkohl-blätter waschen, dicke Blattrippen flacher schneiden. Zuckerhutblätter ablösen und wa-schen. Beide Gemüse getrennt voneinander in feine Streifen schneiden. Den Käse würfeln.

2. Die Hälfte von Butter und Öl in einer Pfanne er-hitzen. Hähnchenfleisch darin in zwei Portionen bei mittlerer Hitze unter Rühren etwa 2 Minuten braten, bis es nicht mehr glasig aussieht. Salzen, pfeffern und aus der Pfanne nehmen.

3. Übrige Butter und restliches Öl in die Pfanne geben. Die Weißkohlstreifen darin unter Rühren bei mittlerer Hitze etwa 2 Minuten braten. Den Zuckerhut dazugeben und das Gemüse noch einmal etwa 2 Minuten braten, bis es bissfest ist. Dann die Brühe und die Sahne hinzufügen und einmal kräftig aufkochen. Die Hähnchen-streifen und den Käse untermischen und erwär-men, bis der Käse geschmolzen ist. Kresse ab-schneiden und aufstreuen. Servieren Sie dazu Reis, Bandnudeln oder Kartoffelpüree.

ROTE-BETE-PÜREE
mit Meerrettich

Zutaten für 4 Portionen

2 kleine Rote Beten (etwa 500 g)	2 EL Mohnsamen
100 g Crème fraîche	**Zeitbedarf**
400 g Spaghetti	• 30 Minuten + 1 Stunde kochen
Salz	
1 Stück frischer Meer-rettich (etwa 3 cm)	
1 Prise rosenscharfes Paprikapulver	
1 EL Butter	

So geht's

1. Die Roten Beten waschen und in kochendem Wasser in etwa 1 Stunde zugedeckt weich kochen. Abgießen, etwas abkühlen lassen und schälen. Mit der Crème fraîche fein pürieren und in einen Topf geben.

2. Für die Spaghetti reichlich Wasser zum Kochen bringen und salzen. Nudeln darin nach Packungs-angabe bissfest kochen.

3. Inzwischen den Meerrettich schälen und fein reiben. Das Rote-Bete-Püree erwärmen und mit Salz und Paprikapulver abschmecken.

4. Die Butter in einem Pfännchen zerlassen und den Mohn darin unter Rühren bei mittlerer Hitze 1 – 2 Minuten rösten, leicht salzen.

5. Die Nudeln abgießen und mit dem Rote-Bete-Püree und dem Meerrettich mischen. Auf Teller verteilen, mit dem Mohn bestreuen und servieren.

DAS IST *wirklich* WICHTIG

[a] **KLÖSSCHEN FORMEN** Verkneten
Sie die Zutaten so lange kräftig,
bis ein gebundener Teig entstanden
ist. Dann mit den Händen gut wal-
nussgroße Bällchen daraus formen.

ZUCKERHUTGEMÜSE
mit Zitronenklößchen

DASS SALATE AUCH GEGART SCHMECKEN, HABEN WIR VON UNSEREN ITALIENISCHEN FREUNDEN GELERNT.

Zutaten für 4 Portionen

Für die Klößchen:

400 g Tofu oder Hähnchen-brustfilet

1 Bio-Zitrone

2 Knoblauchzehen

1 Kästchen Gartenkresse

1 Ei (Größe M)

4 EL Semmelbrösel

Salz, Pfeffer aus der Mühle

½ TL rosenscharfes Paprikapulver

je 1 EL Öl und Butter

Für das Gemüse:

600 g Zuckerhut

1 Zwiebel

1 säuerlicher Apfel

1 EL Butter

Salz, Pfeffer aus der Mühle

2 EL Crème fraîche

Zeitbedarf
• 40 Minuten

So geht's

1. Den Tofu mit einer Gabel fein zerdrücken oder das Hähnchenfleisch sehr fein hacken. Die Zitrone heiß waschen und abtrocknen, die Schale fein abreiben. Den Knoblauch schälen und fein hacken. Die Kresse abschneiden.

2. Diese Zutaten mit dem Ei, den Semmelbröseln, Salz, Pfeffer und Paprika zu einem Teig ver-kneten und zu Bällchen formen [→ a].

3. Für das Gemüse den Zuckerhut von welken Blättern befreien. Die Blätter auseinander-lösen, waschen, trocken schütteln und in Strei-fen schneiden. Die Zwiebel schälen, vierteln und in feine Streifen schneiden. Den Apfel vier-teln, schälen, vom Kerngehäuse befreien und in Schnitze schneiden.

4. Für die Klößchen Öl und Butter in einer Pfanne erhitzen, die Bällchen darin bei mittlerer Hitze in etwa 5 Minuten rundherum knusprig braten. Die Pfanne dabei ab und zu rütteln, um die Bäll-chen zu wenden.

5. Gleichzeitig für das Gemüse die Butter in einem weiten Topf zerlassen. Apfel und Zwiebel darin bei mittlerer Hitze unter Rühren etwa 3 Minuten andünsten. Zuckerhut dazugeben und in etwa 2 Minuten zusammenfallen lassen. Das Gemüse mit Salz und Pfeffer würzen und die Crème fraîche unterrühren. Die Zitronenklößchen locker untermischen und das Gericht gleich servieren.

Dazu schmecken Reis, Bandnudeln oder Kartoffel-püree.

Die Variante

Zuckerhut-Kartoffel-Gratin

500 g Zuckerhut mittel-grob hacken und in ½ EL Butter unter Rühren bei mittlerer Hitze in etwa 2 Minuten zusammen-fallen lassen. Salzen und pfeffern. 1 kg vorwiegend festkochende Kartoffeln schälen und in dünne Scheiben hobeln. Beides lagenweise in eine ofen-feste Form schichten, mit Kartoffeln abschließen und die Kartoffeln jeweils mit Salz, Pfeffer und Mus-kat leicht würzen. 200 g Sahne und 150 ml Milch mischen und seitlich in die Form gießen. 1 ½ EL Butter in kleinen Würfeln auf der Oberfläche ver-teilen. Das Gratin im Ofen (Mitte) bei 180 °C (Ober- und Unterhitze; Umluft 160 °C) 45–50 Minuten backen. Dazu schmeckt Apfelkompott oder Salat.

WINTER
Eine Menge Vitamine

JETZT IST HAUPTSAISON FÜR ALLERLEI KOHL-
UND RÜBENSORTEN. SIE ALLE VERSORGEN UNS
MIT SO VIELEN VITAMINEN, DASS WIR GESUND
ÜBER DEN WINTER KOMMEN. UND ES UNS DABEI
SO RICHTIG GUT SCHMECKEN LASSEN!

WINTERGEMÜSE

kennenlernen & zubereiten

CHICORÉE

Das ist wichtig Er bleibt so schön hell, weil er im Dunklen wächst – unter Folie oder einer Erdschicht. Ist das nicht ganz gelungen, sind die Blätter an den Rändern grünlich. Das schadet ihm eigentlich nicht, verstärkt aber den bitteren Geschmack ein wenig. Roter Chicorée ist eine Kreuzung aus Chicorée und Radicchio und noch würziger. Verwendet wird er genauso wie der helle. Chicoréestauden sollen beim Einkauf schön fest aussehen, und die Blätter dürfen keine braunen Ränder haben.

Das kann man damit machen Von Chicorée nur die welken Blätter ablösen. Außerdem den Strunk aus der Mitte herausschneiden. Er enthält die meisten Bitterstoffe. Chicorée als Salat zubereiten, entweder im gemischten Wintersalat oder pur – besonders fein und vitaminreich mit Orangen. Chicorée schmeckt aber auch kurz gebraten aus dem Wok, geschmort oder überbacken. Er hat dann sogar einen intensiveren und feineren Geschmack als roh.

GRÜNKOHL

Das ist wichtig Grünkohl schmeckt am besten und ist außerdem bekömmlicher, wenn er Frost abbekommen hat. Die Blätter des würzigen Kohls sollen kräftig grün und frisch aussehen, gelbe oder bräunliche Verfärbungen weisen darauf hin, dass er zu alt ist. Grünkohl können Sie locker in Folie verpackt bis zu einer Woche im Gemüsefach aufheben. Grünkohl immer sehr gut waschen, in den krausen Blättern kann sich viel Sand und Erde verstecken.

Das kann man damit machen Grünkohl schmeckt nur gegart, und zwar als Gemüse, lauwarmer Salat, in der Suppe oder im Eintopf. Versuchen Sie auch einmal dieses schnelle Grünkohl-Möhren-Gemüse: 600 g Grünkohl vorbereiten, 400 g Möhren schälen und in Scheiben schneiden, 1 rote Zwiebel in Streifen teilen. In einem Topf in 1 EL Butter andünsten.

Mit 200 ml Gemüsebrühe aufgießen und zugedeckt bei schwacher Hitze etwa 8 Minuten dünsten. 150 g Sahne dazugeben, mit Salz, Pfeffer und gemahlenem Kümmel abschmecken und weitere 5 Minuten garen. Vor dem Essen mit abgeriebener Orangenschale und frisch gehackter Petersilie abrunden.

PORTULAK

Das ist wichtig Heißt auch Postelein und hat fleischige, herz- bis tropfenförmige Blätter mit zartem, leicht salzigem Aroma. Beim Einkauf soll er wie alle Salate knackig und frisch aussehen, Blüten sollte er keine haben. Portulak bald nach dem Einkauf zubereiten, da die Blätter nicht lange frisch bleiben.

Das kann man damit machen Portulak nur waschen und trocken schütteln, dann als Salat essen, am besten mit anderen Sorten gemischt. Oder ganz zum Schluss unter eine Suppe oder einen Eintopf mischen.

RADICCHIO

Das ist wichtig In der Biokiste liegt meist der Radicchio mit dem runden Kopf. Auf den Märkten werden im Winter aber verschiedene Sorten angeboten. Da ist zum einen der längliche Trevisano mit den eher geschlossenen Blättern. Seltener, aber besonders fein ist der Radicchio Tardivo mit wenig rotem Blattanteil an den schlanken weißen Stangen, die sich locker und offen nach oben biegen. Zu guter Letzt gibt es noch einen gelblichen Radicchio mit roten Adern in den Blättern der locker geschlossenen Köpfe, den Castelfranco.

Das kann man damit machen Alle Sorten schmecken gut als Salat, zum Garen eignen sich die länglichen Sorten Trevisano und Tardivo am besten. Aber auch die runden Köpfe können Sie braten, grillen oder schmoren.

ROSENKOHL

Das ist wichtig Die Röschen müssen fest sein und kräftig grün aussehen, gelblich verfärbte Blätter deuten darauf hin, dass der Kohl schon zu lange gelagert wurde. Nach dem Einkauf können Sie ihn im Gemüsefach zwei bis drei Tage aufheben, am besten aber möglichst frisch essen. Die welken äußeren Blätter werden entfernt, der Strunk abgeschnitten.

Das kann man damit machen Rosenkohl schmeckt gegart besser als roh. Für ein ganz simples Gemüse den Rosenkohl vorbereiten und mit wenig Wasser und Salz zugedeckt in 10–12 Minuten bissfest kochen. Die Kochflüssigkeit bis auf einen kleinen Rest abgießen, 1 EL Butter zum Kohl geben und mit Salz, Pfeffer und Muskat, eventuell auch etwas Zitronenschale abschmecken.

SAUERKRAUT

Das ist wichtig Für Sauerkraut wird Weißkohl geraspelt und mit Salz und Gewürzen gemischt. Beim Lagern gärt der Kohl und bildet Milchsäurebakterien, die das Kraut besonders gesund machen. Außerdem enthalten: reichlich Vitamin C für ein kräftiges Immunsystem. Sauerkraut in Glas, Dose oder Plastiksäckchen trägt ein Mindesthaltbarkeitsdatum. Offen gekauftes Sauerkraut können Sie etwa zwei Wochen lagern.

Das kann man damit machen Sauerkraut schmeckt roh als Salat, gekocht als Beilage oder mit anderen Zutaten in Eintopf oder Suppe.

SCHWARZWURZELN

Das ist wichtig Die Wurzeln dieser winterharten Pflanze haben ein weißes Fruchtfleisch und eine schwarze bis bräunliche Schale. Sie werden auch Winterspargel oder Spargel des kleinen Mannes genannt, haben geschmacklich aber tatsächlich nicht viel mit dem Edelgemüse gemein. Schwarzwurzeln schmecken leicht nussig und sind etwas trockener als Spargel. Kaufen Sie möglichst gerade Wurzeln ohne Verästelungen und achten Sie darauf, dass die Stangen in etwa gleich dick sind, damit sie gleichzeitig gar werden. Sie müssen in jedem Fall fest und unverletzt sein, sonst läuft etwas von dem milchigen Saft aus und macht die Schwarzwurzeln trocken. In einer Tüte können Sie die Stangen im Gemüsefach des Kühlschranks bis zu fünf Tage lagern.

Das kann man damit machen Schwarzwurzeln immer garen, entweder mit oder ohne Schale. Roh geschält sondern sie einen milchigen Saft ab, der Hände und Arbeitsgeräte bräunlich verfärben kann. Deshalb die Stangen mit Einmalhandschuhen oder unter fließendem Wasser schälen und – wenn sie nicht gleich gegart werden – in Essig- oder Zitronenwasser legen, damit sie sich nicht braun verfärben. Schwarzwurzeln lassen sich als Gemüse oder Salat mit verschiedenen Saucen zubereiten, in Teig frittieren oder nach dem Kochen braten.

TOPINAMBUR

Das ist wichtig Wird auch Erdartischocke genannt und erinnert – ganz leicht – an den Geschmack von Artischocken. Die Wurzeln sind allerdings mit der Sonnenblume verwandt. Topinambur müssen prall und knackig aussehen. Nehmen Sie außerdem besser solche, die nicht zu unregelmäßig gewachsen sind, dann lassen sie sich einfacher schälen.

Das kann man damit machen Topinambur werden mit oder ohne Schale gekocht oder gedünstet. Zarte Topinambur kann man wie junge Kartoffeln abbürsten und mit der Schale kochen und essen, ältere besser schälen. Werden die Knollen nicht gleich nach dem Schälen gegart, legt man sie in Zitronenwasser, damit sie sich nicht braun verfärben.

WURZELSPINAT

Das ist wichtig Im Gegensatz zum zarten Blattspinat, der im Frühling und Sommer angeboten wird, hat der Wurzelspinat eher derbe und unregelmäßig geformte Blätter, die mit Wurzel angeboten werden. Sowohl die Wurzel als auch die dicken langen Stiele werden abgeknipst, der Spinat muss außerdem mehrmals gründlich gewaschen werden, damit die Blätter wirklich sauber werden.

Das kann man damit machen Winterspinat wird fast immer gegart gegessen, zum Rohessen ist er zu derb. Sie können ihn in kochendem Salzwasser in etwa 2 Minuten zusammenfallen lassen, abgießen und mit Butter und Knoblauch bzw. mit Olivenöl und Zitronensaft als Gemüse servieren. Auch fein: mit Vinaigrette mischen und lauwarm servieren, z. B. mit gerösteten Pinienkernen.

DRESSINGS FÜR WINTERSALATE

Die meisten Wintersalate schmecken intensiv, manche sogar leicht bitter. Sie können daher auch kräftige Salatsaucen vertragen oder solche mit süßlicher Note.

MEERRETTICH-PREISELBEER-DRESSING

1 EL Preiselbeeren aus dem Glas mit 2 EL Essig, 2 EL saurer Sahne, 1–2 TL frisch geriebenem Meerrettich und 2 EL neutralem Öl verrühren, mit Salz und Pfeffer abschmecken. Schmeckt zu Feldsalat und Portulak, aber auch zu Roter Bete.

ORANGEN-KÜRBISKERN-DRESSING

1 Bio-Orange waschen und die Schale fein abreiben, eine Hälfte auspressen. Den Saft mit der Schale, 2 TL Orangenmarmelade und 1 EL hellem Essig verrühren, mit Salz, Pfeffer und etwas gemahlenem Kümmel oder Koriander würzen. 2 EL neutrales Öl und 2 EL Kürbiskernöl unterschlagen. Schmeckt gut zu Gemüsesalaten, etwa Roten Beten oder Sellerie bzw. Pastinaken, aber auch zu Schwarzwurzeln. Sehr fein auch zu Chicorée und Endivie.

INGWER-SAHNE-DRESSING

2 cm frischen Ingwer schälen und fein reiben oder durch die Knoblauchpresse drücken. Mit der abgeriebenen Schale und dem Saft von ½ Bio-Limette, 1 TL Ahornsirup, 50 g Sahne, 2 EL neutralem Öl und 1 kräftigen Prise Chilipulver verrühren und mit Salz abschmecken. Schmeckt sehr gut zu Chinakohl, Chicorée, Weißkohlrohkost oder Zuckerhut.

DAS IST *wirklich* WICHTIG

[a] GRANATAPFELKERNE AUSLÖSEN
Den Granatapfel halbieren. Brechen
Sie die Hälften dann in Stücke und
lösen Sie die Kerne zwischen den
hellen Trennhäutchen über einer
Schüssel heraus. Den Saft, der dabei
ausläuft, auffangen und mit unter die
Salatsauce mischen.

[a]

RADICCHIOSALAT
mit Granatapfelkernen

VITAMINPOWER FÜR DEN WINTER. EIN WÜRZIGER SALAT, DER ALS VORSPEISE EBENSO
GUT SCHMECKT WIE ALS BEILAGE, ETWA ZU GEBRATENEM ODER GEDÜNSTETEM FISCH.

Zutaten für 4 Portionen

1 Radicchio (etwa 350 g)

1 Fenchelknolle

1 Granatapfel

1 Bio-Orange

1 EL Zitronensaft oder
heller Essig

1 TL Honigsenf

Salz, Pfeffer aus der Mühle

5 EL Olivenöl

Zeitbedarf
• 25 Minuten

So geht's

1. Vom Radicchio alle welken Blätter entfernen.
Radicchio in die einzelnen Blätter zerteilen,
waschen, trocken schütteln und in Stücke zupfen. Den Fenchel waschen, die Stiele und alle
welken Stellen abschneiden. Das zarte Grün
fein hacken. Den Fenchel vierteln, den Strunk
aus der Mitte herausschneiden und die Viertel
in dünne Scheiben schneiden oder hobeln.

2. Den Granatapfel halbieren und die Kerne auslösen [→ a]. Die Orange heiß waschen und
abtrocknen, die Schale fein abreiben und den
Saft auspressen. Beides mit dem aufgefange-
nen Granatapfelsaft, dem Zitronensaft, dem
Senf, Salz und Pfeffer gründlich verrühren.
Das Öl nach und nach zu einer cremigen Sauce
unterschlagen.

3. Radicchio, Fenchel, Fenchelgrün und Granatapfelkerne mit der Sauce mischen und abschmecken. Den Salat bald servieren.

Die Variante

**Lauwarmer Spinatsalat
mit Apfelvinaigrette**
2 EL Apfelessig mit 1 EL
naturtrübem Apfelsaft,
1 TL Apfeldicksaft, Salz,
Pfeffer und 1 TL frisch
geriebenem Meerrettich
verrühren. 4 EL Oliven-
oder Rapsöl und 2 TL
Kürbiskernöl untermi-
schen. 1 säuerlichen Apfel
schälen, putzen, klein
würfeln und unterrühren.
700 g Wurzelspinat gründ-
lich waschen und von den
dicken Stielen befreien.
In kochendem Salzwasser
in 2–3 Minuten zusam-
menfallen lassen. In
einem Sieb kurz kalt
abschrecken und gut
abtropfen lassen. Auf
Teller verteilen, die Apfelvinaigrette darübergeben.
2 EL Pinienkerne in einer
Pfanne ohne Fett bei
mittlerer Hitze goldgelb
rösten und aufstreuen.

SO SCHMECKT'S AUCH Versuchen Sie den Salat mal mit Orange statt Granatapfel.
Die Schale der Orange so abschneiden, dass auch die weiße Haut mit entfernt wird.
Dann die Filets herauslösen.

DAS IST *wirklich* WICHTIG

[a] SCHWARZWURZELN MIT SCHALE GAREN Wenn Sie die Schwarzwurzeln wie in diesem Rezept nach dem Kochen noch braten oder anderweitig weiterverarbeiten möchten, können Sie sie mit Schale kochen. Nach dem Kochen läuft nämlich kein milchiger Saft mehr aus, Sie brauchen also weder Handschuhe noch Essigwasser. Die Stangen einfach vor dem Kochen gründlich unter fließendem Wasser abbürsten.

[b] RÖLLCHEN FORMEN Schneiden Sie die Schinkenstücke so zu, dass Sie jeweils ein Schwarzwurzelstück darin einrollen können. Schinken mit der Frischkäsecreme bestreichen und mit dem Schwarzwurzelstück belegen. Rollen Sie das Stück in den Schinken ein und drücken Sie das Ende etwas an. Wenn Sie die Stücke vorsichtig braten, hält der Schinken ohne Verschnürung.

[b]

WINTERSALATE
mit Schwarzwurzelröllchen

SCHWARZWURZELN MAL GANZ ANDERS SERVIERT – ALS KLEINES ABENDESSEN FÜR 4 ODER FEINE VORSPEISE FÜR 6 PERSONEN.

Zutaten für 4 Portionen

500 g Schwarzwurzeln

1 Stück frischer Meer-rettich (etwa 2 cm)

½ dünne Lauchstange

¼ Bund Petersilie

75 g Doppelrahm-frischkäse

2 TL süßer Senf

Salz, Pfeffer aus der Mühle

ca. 150 g gekochter Schin-ken in dünnen Scheiben

150 g gemischte Blatt-salate (z. B. Portulak, Feldsalat und Radicchio)

2 EL heller Essig (z. B. Apfelessig)

Zucker oder Honig

5 EL Olivenöl

1 EL Butter

Zeitbedarf
• 45 Minuten

So geht's

1. Die Schwarzwurzeln gründlich abbürsten und in kochendem Wasser in 15 – 20 Minuten weich kochen [→ a]. Kalt abschrecken und lauwarm abkühlen lassen, dann schälen und in 4 – 5 cm lange Stücke schneiden.

2. Den Meerrettich schälen und fein reiben. Den Lauch putzen, waschen und fein hacken. Die Petersilie waschen und trocken schütteln, die Blättchen abzupfen und fein hacken. Den Frisch-käse mit dem Senf verrühren. Meerrettich, Lauch und Petersilie untermischen und die Creme mit Salz und Pfeffer abschmecken.

3. Die Schinkenstücke zuschneiden, dünn mit der Creme bestreichen und die Schwarzwurzel-stücke darin einhüllen [→ b].

4. Die Salate waschen, trocken schütteln und eventuell kleiner zupfen oder schneiden. Den Essig mit Salz, Pfeffer und 1 Prise Zucker oder etwas Honig verrühren. 4 EL Öl zu einer cremigen Sauce unterschlagen.

5. Das übrige Öl mit der Butter in einer Pfanne erhitzen. Die Schwarzwurzelröllchen darin bei mittlerer Hitze rundherum in etwa 5 Minuten braun braten.

6. Die Salate mit dem Dressing mischen und auf Tellern anrichten. Die Schwarzwurzelröllchen daraufsetzen und gleich servieren

Die Variante

Wintersalate mit gegrilltem Ziegenkäse
Die Salate wie beschrieben putzen und zerkleinern, die Sauce anrühren. 4 kleine runde Ziegenkäse (z. B. Crottin) mit etwas Olivenöl bestreichen und in eine ofenfeste Form setzen. Die Form mit etwa 10 cm Abstand unter die heißen Grillschlangen in den Backofen schieben. Käse in etwa 4 Minuten goldgelb werden lassen. Die Salate mit der Sauce mischen und auf Teller verteilen. Ziegenkäse daraufsetzen.

DAS IST *wirklich* WICHTIG

[a] SCHWARZWURZELN SÄUBERN
Schwarzwurzeln unter fließendem Wasser abbürsten. Wenn Sie die Stangen nicht gleich nach dem Schälen garen, müssen Sie sie in Essig- oder Zitronenwasser legen, damit sie sich nicht zu stark verfärben. Also schon einmal eine Schüssel mit 1 l Wasser und 2 EL hellem Essig oder Zitronensaft bereitstellen.

[b] ROHE SCHWARZWURZELN SCHÄLEN Zum Schälen am besten Einmalhandschuhe anziehen oder die Stangen unter fließendem, kaltem Wasser schälen und ständig abspülen. Beim Schälen läuft nämlich ein milchiger Saft aus, der die Hände bräunlich färbt. Die Stangen mit dem Sparschäler schälen und ins gesäuerte Wasser legen, damit sie sich nicht zu stark verfärben.

SCHWARZWURZELN
mit Senf-Zitronen-Schaum

DAS ZU UNRECHT FAST VERGESSENE KÖSTLICHE GEMÜSE
GIBT ES HIER MIT EINER WÜRZIG-FRUCHTIGEN SAUCE.

Zutaten für 4 Portionen

gut 1 kg Schwarzwurzeln

2 EL Weißweinessig oder Zitronensaft

Salz

2 Schalotten

150 g kalte Butter

¼ l trockener oder halbtrockener Weißwein

¼ l Gemüsebrühe oder Kochwasser von den Schwarzwurzeln

150 g Sahne

Schale von 1 Bio-Zitrone

je 1 TL süßer und scharfer Senf

Pfeffer aus der Mühle

Zeitbedarf
• 50 Minuten

So geht's

1. Die Schwarzwurzeln abbürsten, schälen [→ a + b] und ins gesäuerte Wasser legen.

2. Gut ½ l Wasser zum Kochen bringen und salzen. Die Schwarzwurzeln in etwa 5 cm lange Stücke schneiden und im Wasser bei mittlerer Hitze zugedeckt je nach Dicke der Stangen in 15 – 20 Minuten bissfest garen.

3. Schon während das Schwarzwurzelwasser heiß wird, die Schalotten schälen und fein würfeln. ½ EL Butter in einen Topf geben, die restliche Butter in kleine Würfel schneiden und wieder in den Kühlschrank stellen

4. Die Butter im Topf zerlassen, die Schalotten darin andünsten. Den Wein und die Brühe angießen und aufkochen. Die Flüssigkeit bei mittlerer bis starker Hitze etwa 5 Minuten einkochen lassen. Dann die Sahne dazugießen und alles weitere 5 Minuten reduzieren.

5. Inzwischen die Zitrone heiß waschen und abtrocknen, die Schale fein abreiben.

6. Die Hitze klein stellen. Die kalte Butter nach und nach mit dem Schneebesen unter die reduzierte Flüssigkeit schlagen. Beide Senfsorten und die Zitronenschale unter die Sauce rühren, die Sauce mit Salz und Pfeffer abschmecken.

7. Die Schwarzwurzeln abgießen und in eine vorgewärmte Schüssel geben. Mit der Sauce servieren.

Die Variante

Schwarzwurzeln in Bierteig
2 Eier mit 200 g Mehl, 1 TL Salz und ¼ l hellem Bier gründlich verrühren und 30 Minuten quellen lassen. Inzwischen 1 kg Schwarzwurzeln mit oder ohne Schale nur etwa 10 Minuten in kochendem Wasser garen, abschrecken und, falls noch nicht geschehen, schälen. In etwa 4 cm lange Stücke schneiden. ¾ l Öl oder 750 g gehärtetes Pflanzenfett zum Frittieren erhitzen. Schwarzwurzeln in den Teig geben, portionsweise mit der Gabel herausfischen und ins heiße Fett geben. In 3 – 4 Minuten goldgelb frittieren, herausheben und auf Küchenpapier abfetten lassen. Mit einer Sauce aus saurer Sahne, Kresse und Senf servieren.

DAS IST *wirklich* WICHTIG

[a] GRÜNKOHL WASCHEN Grünkohl kann zwischen den krausen Blättern ziemlich sandig sein. Waschen Sie ihn deshalb sehr gründlich, am besten schwenken Sie ihn mehrmals in stehendem kaltem Wasser durch.

[b] BLÄTTER ABSTREIFEN Die dicken Blattstiele werden nicht mitverwendet. Streifen Sie die Blätter von beiden Seiten mit den Fingern einfach vom Stiel ab oder schneiden Sie sie mit dem Messer ab.

[b]

SCHARFER GRÜNKOHL
mit Bratwürstchen

EINE ANREGUNG AUS DER SÜDITALIENISCHEN KÜCHE. DORT
WIRD DAS WÜRZIGE GERICHT MIT CIME DI RAPA ZUBEREITET.

Zutaten für 4 Portionen

800 g Grünkohl

Salz

4 Knoblauchzehen

2 rote Chilischoten

500 g rohe Bratwürste
(italienische Salsicce oder
nicht zu stark gewürzte
deutsche Bratwürste)

3 – 4 EL Olivenöl

Zeitbedarf
· 30 Minuten

So geht's

1. Den Grünkohl waschen [→ a] und die Blätter
   von den Stielen streifen [→ b]. Die Blätter in
   grobe Stücke zupfen. In kochendem Salzwasser
   5 Minuten vorgaren, kalt abschrecken und gut
   abtropfen lassen.

2. Den Knoblauch schälen und in feine Scheiben
   schneiden. Die Chilischoten waschen und den
   Stiel abschneiden. Die Schoten mit den Kernen
   fein hacken. Die Bratwürste in etwa 3 cm lange
   Stücke schneiden.

3. Das Öl in einer Pfanne erhitzen, die Bratwürste
   darin bei mittlerer Hitze unter Rühren braten,
   bis sie nicht mehr roh aussehen und leicht
   braun sind. Grünkohl, Knoblauch und Chili
   untermischen und alles weitere 8 – 10 Minuten
   braten, bis der Grünkohl bissfest und leicht
   braun ist. Mit Salz abschmecken und mit
   frischem italienischem Weißbrot servieren.

Die Variante

Grünkohl mit Rosinen und Pinienkernen
1 kg Grünkohl waschen,
Blätter abstreifen, in
Stücke zupfen und in
Salzwasser 5 Minuten
vorkochen. Abschrecken.
4 EL Olivenöl erhitzen,
4 EL Pinienkerne darin
unter Rühren goldgelb
braten und wieder he-
rausnehmen. 4 gehackte
Knoblauchzehen mit
1 zerkrümelten Chilischote
und 50 g Rosinen sowie
dem Grünkohl in die
Pfanne geben und bei
mittlerer Hitze unter
Rühren in 8 – 10 Minuten
bissfest braten, mit Salz
und 1 EL Zitronensaft
abschmecken. Dazu
passt Korianderjoghurt
(250 g Joghurt mit etwa
1 TL gemahlenem Kori-
ander, Salz und 1 Prise
Chilipulver abschmecken),
außerdem Reis, Bulgur
oder Fladenbrot.

GRÜNKOHLPFANNKUCHEN
mit Räucherspeck

Zutaten für 4 Portionen

300 g Mehl

Salz

1 Prise Backpulver

400 ml Milch

200 ml kohlensäurehaltiges Mineralwasser

4 Eier (Größe M)

nach Belieben 2–3 TL frisch geriebener Meerrettich

500 g Grünkohl

1 rote Zwiebel

150 g durchwachsener Räucherspeck (in dünnen Scheiben)

je 4 TL Butter und Öl

Zeitbedarf
• 1 Stunde

So geht's

1. Das Mehl mit 1 TL Salz und dem Backpulver mischen. Die Milch und das Mineralwasser verrühren und abwechselnd mit den Eiern unter die Mehlmischung rühren. Nach Belieben den Meerrettich unter den Teig rühren. Der Teig ist eher dünnflüssig. Den Teig 30 Minuten bei Zimmertemperatur ruhen lassen.

2. Inzwischen den Grünkohl waschen und die Blätter abstreifen (siehe Seite 118). In kochendem Salzwasser 5 Minuten vorgaren, kalt abschrecken und gut abtropfen lassen.

3. Die Zwiebel schälen, vierteln und in feine Streifen schneiden, die Speckscheiben quer halbieren.

4. In einer großen Pfanne je 1 TL Butter und Öl erhitzen. Je ein Viertel vom Speck und den Zwiebelstreifen 1–2 Minuten darin andünsten. Ein Viertel vom Grünkohl untermischen. Ein Viertel vom Teig darüber verteilen und bei mittlerer Hitze etwa 4 Minuten braten, bis der Teig nicht mehr flüssig aussieht.

5. Pfannkuchen wenden und auf der zweiten Seiten ebenfalls etwa 4 Minuten braten. Den fertigen Pfannkuchen im Backofen bei 70 °C warm halten. Drei weitere Pfannkuchen genauso braten.

SO SCHMECKT'S AUCH Vegetarier lassen den Speck einfach weg oder ersetzen ihn durch Feta (Schafskäse). Den Käse in etwa 1 cm dünne Scheiben schneiden. Die Zwiebelstreifen anbraten, dann Käse und Grünkohl dazugeben und mit Teig bedecken. Wie beschrieben backen.

KOKOSSUPPE
mit Grünkohl

Zutaten für 4 Portionen

1 Süßkartoffel (etwa 300 g)

200 g Grünkohl

1 kleine Chilischote

1 Stück Ingwer (1 cm)

1 Bio-Limette

½ l Gemüse- oder Hühnerbrühe

400 ml Kokosmilch

Salz

300 g Hähnchenbrustfilet

Koriander- oder Basilikumblättchen zum Bestreuen

Zeitbedarf
• 30 Minuten

So geht's

1. Die Süßkartoffel schälen, waschen und erst in etwa ½ cm dicke Scheiben, dann in Streifen schneiden. Den Grünkohl waschen, die Blätter von den Stielen ablösen und in Streifen schneiden. Die Chilischote waschen und den Stiel abschneiden, die Schote mit den Kernen fein hacken. Den Ingwer schälen und ebenfalls hacken. Die Limette heiß waschen und abtrocknen, die Schale abreiben und den Saft auspressen.

2. Die Brühe und die Kokosmilch in einem Topf erwärmen. Süßkartoffel und Kohl mit Chili und Ingwer in der Flüssigkeit in etwa 8 Minuten bissfest kochen. Mit Limettenschale und -saft sowie Salz abschmecken.

3. Inzwischen das Hähnchenfleisch kalt waschen und trocken tupfen, dann in dünne Scheiben schneiden. Die Scheiben in der Suppe zugedeckt in etwa 2 Minuten gar ziehen lassen.

4. Die Suppe mit den Kräuterblättchen bestreuen und servieren.

SCHWARZWURZELN
mit Orangensauce

Zutaten für 4 Portionen

600 g Schwarzwurzeln

1 Bio-Orange

1 EL heller Essig

2 TL Honigsenf

75 g saure Sahne

Salz, Pfeffer aus der Mühle

1 Kästchen Gartenkresse

nach Belieben Feldsalat oder Portulak zum Anrichten

Zeitbedarf
• 35 Minuten

So geht's

1. Die Schwarzwurzeln bürsten (siehe Seite 114) und in der Schale in 15 – 20 Minuten in kochendem Wasser bissfest garen. Abschrecken und lauwarm abkühlen lassen.

2. Inzwischen die Orange heiß waschen und abtrocknen, die Schale fein abreiben, eine Hälfte auspressen. Orangensaft und -schale mit Essig, Senf und saurer Sahne gründlich verrühren und mit Salz und Pfeffer würzen.

3. Die Schwarzwurzeln schälen und in dünne Scheiben schneiden. Mit der Sauce mischen und abschmecken. Die Kresse mit der Küchenschere abschneiden und aufstreuen. Den Schwarzwurzelsalat nach Belieben auf Feldsalat oder Portulak anrichten.

SAUERKRAUTGRAUPEN

mit Knusperbrot

DAS KRAUT MACHT DEN EINTOPF WÜRZIG UND LEICHT SÄUERLICH,
DIE GERSTE SORGT FÜR EINE CREMIGE BINDUNG.

Zutaten für 4 Portionen

1 Stange Lauch

1 Apfel

300 g rohes Sauerkraut

3 EL Butter

1 TL Kümmelsamen

je 1 – 2 TL edelsüßes und rosenscharfes Paprikapulver

½ TL Zucker

ca. 1 ¼ l Gemüsebrühe

Salz, Pfeffer aus der Mühle

250 g Rollgerste (Graupen)

4 Scheiben Toastbrot

50 g Sahne

nach Belieben 1 Kästchen Gartenkresse

Zeitbedarf
• 1 ½ Stunden

So geht's

1. Den Lauch putzen, längs halbieren und gründlich waschen. Die Hälften in feine Streifen schneiden. Den Apfel vierteln, schälen, vom Kerngehäuse befreien und klein würfeln. Das Sauerkraut mit zwei Gabeln zerpflücken.

2. In einem Suppentopf die Hälfte der Butter zerlassen. Die Lauchstreifen darin mit dem Kümmel andünsten. Das Sauerkraut und den Apfel dazugeben und gut unterrühren. Beide Sorten Paprikapulver darüberstäuben und den Zucker dazugeben. Die Brühe angießen und zum Kochen bringen. Das Sauerkraut salzen und pfeffern und zugedeckt bei schwacher Hitze etwa 30 Minuten vorgaren.

3. Dann die Gerste dazugeben und alles 50 – 60 Minuten garen, bis die Gerste bissfest ist.

4. Das Toastbrot entrinden und in kleine Stücke krümeln. Die übrige Butter in einer Pfanne zerlassen und die Brotkrümel darin bei mittlerer Hitze unter Rühren knusprig braten, mit Salz und Pfeffer würzen.

5. Die Sauerkrautgraupen mit der Sahne verfeinern, mit Salz und Pfeffer abschmecken und auf Teller verteilen. Nach Belieben die Kresse mit einer Schere abschneiden und aufstreuen. Das Knusperbrot daraufstreuen und die Sauerkrautgraupen servieren.

Die Variante

Sauerkrautpuffer mit Fetajoghurt
500 g Sauerkraut fein hacken. 500 g mehligkochende Kartoffeln schälen, waschen und fein reiben, die Flüssigkeit abgießen. 1 Zwiebel schälen und reiben, mit Sauerkraut, Kartoffeln, 2 Eiern und 5 EL Mehl verrühren und mit Salz und Pfeffer abschmecken. Butterschmalz in einer Pfanne erhitzen, jeweils 1 EL Sauerkrautmischung hineinsetzen, etwas flach streichen und bei mittlerer Hitze pro Seite etwa 5 Minuten braten. Inzwischen 100 g Feta (Schafskäse) mit einer Gabel fein zerdrücken, mit 250 g Joghurt mischen und mit 1 TL flüssigem Honig und 1 TL rosenscharfem Paprikapulver abschmecken. Zu den Puffern servieren.

CHICORÉE-RISOTTO
mit Pecorino

GEGART IST CHICORÉE WIE VIELE ANDERE WINTERSALATE
WUNDERBAR WÜRZIG UND SANFT ZUGLEICH.

Zutaten für 4 Portionen

500 g Chicorée

1 rote Zwiebel

4 Zweige Thymian oder 1 Zweig Rosmarin

60 g Butter

350 g Risottoreis (am besten Carnaroli oder Vialone nano)

50 ml Noilly Prat (trockener Wermut) nach Belieben

1 ½ l heiße Gemüse- oder Hühnerbrühe

½ Bio-Orange oder -Zitrone

50 g mittelalter Pecorino

Salz, Pfeffer aus der Mühle

Zeitbedarf
• 40 Minuten

So geht's

1. Den Chicorée putzen und in Streifen schneiden [→ a]. Die Zwiebel schälen, vierteln und in feine Streifen schneiden. Den Thymian waschen, trocken schütteln und die Blättchen abzupfen.

2. In einem Topf die Hälfte der Butter zerlassen, Zwiebel, Thymian und Chicorée darin andünsten. Reis dazugeben und unterrühren [→ b]. Nach Belieben den Noilly Prat angießen und verdampfen lassen. Die Hitze zwischen schwacher und mittlerer Stufe einstellen und den Reis mit der Brühe offen garen [→ c].

3. Die Orangen- oder Zitronenhälfte heiß waschen und abtrocknen, die Schale abreiben. Den Pecorino von der Rinde befreien und in dünne Scheiben hobeln. Die übrige Butter würfeln und mit dem Käse und der Zitrusschale unter den fertigen Risotto ziehen. Mit Salz und Pfeffer abschmecken. Wer mag, streut noch etwas geriebenen Käse darauf.

TIPP Wenn man erst einmal das Prinzip kennt, nach dem ein Risotto sämig und cremig wird, kann man wunderbar experimentieren. Gut passen statt Chicorée auch Radicchio und Spinat. Im Herbst ist Kürbis in kleinen Würfeln fein, im Sommer schmecken Zucchini und Tomaten. Im Frühling bereiten Sie mit grünem Spargel einen besonders edlen Risotto zu. Wer mag, kann den Pecorino auch einmal durch Edelpilzkäse ersetzen.

DAS IST *wirklich* WICHTIG

[a] CHICORÉE VORBEREITEN Lösen Sie braune Blätter ab und halbieren Sie die Stauden der Länge nach. Den Strunk aus der Mitte wie einen Keil herauslösen, Chicorée quer in Streifen schneiden.

[b] REIS ANDÜNSTEN Damit der Risotto schön sämig wird, darf der Reis auf keinen Fall gewaschen werden! Rühren Sie ihn so gründlich unter die angedünstete Zwiebelmischung, bis die Körnchen von einem feinen Fettfilm glänzen.

[c] REIS IMMER FLÜSSIG HALTEN Der erste Schuss Flüssigkeit (der Wermut) soll vollkommen verdampfen. Dann immer wieder einen Schöpflöffel Brühe nachgießen. Geben Sie immer dann Flüssigkeit zu, wenn sie fast verdampft bzw. vom Reis aufgenommen ist. Der Reis soll immer gut feucht sein, aber nicht in Brühe schwimmen. Und: Rühren nicht vergessen, erst dadurch löst sich die Reisstärke aus den Körnern und sorgt für die sämige Bindung.

DEN REIS IMMER SCHÖN FEUCHT HALTEN UND GANZ VIEL RÜHREN!

[c]

DAS IST *wirklich* WICHTIG

[a] SAFRAN ANRÜHREN Reiben Sie die zarten Fäden leicht zwischen den Fingern. Dann mit dem Wasser verrühren und so lange stehen lassen, bis sich die Flüssigkeit kräftig safrangelb färbt.

[b] TOPINAMBUR VORBEREITEN Ist die Schale sehr zart, genügt es, wenn Sie die Knollen unter fließendem Wasser gut sauber bürsten. Ansonsten mit dem Sparschäler die Haut abschälen, vor allem die unregelmäßig geformten Stellen gut säubern.

[a]

TOPINAMBUR-TAJINE
mit Lamm und Chili-Zimt-Joghurt

INSPIRIERT VON DER MAROKKANISCHEN KÜCHE, WO MAN DIE ZUTATEN IM TONTOPF AUF DER OFFENEN FEUERSTELLE GART.

Zutaten für 4 Portionen

1 Bund Koriandergrün

½ Bund Petersilie

4 Knoblauchzehen

1 EL edelsüßes Paprikapulver

1 EL gem. Kreuzkümmel

je 1 TL Ras-el-Hanout (marokkanische Gewürzmischung), Pfeffer, rosenscharfes Paprikapulver und gem. Koriander

6 ½ EL Olivenöl, Salz

1 Döschen Safranfäden (0,1 g)

700 g Lammkeule (ohne Knochen)

600 g Topinambur

3 Möhren, 3 Zwiebeln

250 g Joghurt

½ – 1 TL Chilipulver

½ TL Zimtpulver

Zeitbedarf
• 30 Minuten +
  1 ¼ Stunden garen

So geht's

1. Die Kräuter waschen und trocken schütteln. Die Blättchen abzupfen und fein hacken. Knoblauch schälen und ebenfalls sehr fein hacken. Die Gewürze mit 6 EL Olivenöl, Salz, den Kräutern und dem Knoblauch verrühren und gut salzen.

2. Den Safran zwischen den Fingern zerkrümeln und in 300 ml Wasser verrühren [→ a].

3. Das Lammfleisch von größeren Fettstücken und den Sehnen befreien und in etwa 3 cm große Würfel schneiden. Die Topinambur schälen [→ b], waschen und je nach Größe halbieren oder vierteln. Die Möhren und die Zwiebeln schälen, die Möhren in größere Stücke schneiden, die Zwiebeln achteln.

4. Lamm, Topinambur, Möhren und Zwiebeln mit der Kräutermarinade mischen und in einer Tajine oder in einem Schmortopf verteilen. Die Hälfte vom Safranwasser angießen. Den Deckel auflegen und die Tajine auf dem Herd erhitzen, dann bei mittlerer Hitze etwa 1 ¼ Stunden garen, bis Fleisch und Gemüse weich sind. Dabei zwischendurch das übrige Safranwasser angießen. Ab und zu umrühren.

5. Den Joghurt mit Chilipulver, Zimt und ½ EL Olivenöl gründlich verrühren und mit Salz abschmecken. Den Joghurt zur Tajine servieren.

Dazu schmeckt außerdem Fladenbrot oder Reis.

Die Variante

Topinambur aus der Folie mit Nuss-Orangen-Butter
800 g Topinambur schälen und je nach Größe halbieren oder vierteln. 2 EL Haselnusskerne fein hacken und in einer Pfanne ohne Fett bei mittlerer Hitze unter Rühren goldgelb anrösten. Aus der Pfanne nehmen. Die Schale von 1 Bio-Orange fein abreiben. Die Blätter von ½ Bund Petersilie fein hacken. Diese Zutaten mit 60 g Butter verkneten und mit Salz und Pfeffer würzen. Die Topinambur auf vier Stücke Alufolie (glänzende Seite nach oben) verteilen, salzen und pfeffern. Butter in Stücke schneiden und daraufgeben. Folie verschließen und das Gemüse im Ofen (Mitte) bei 180 °C (Ober- und Unterhitze; Umluft 160 °C) in etwa 35 Minuten bissfest backen. Mit Salat und Brot essen.

DAS IST *wirklich* WICHTIG

[a] TOPINAMBUR SCHÄLEN Die Haut der gegarten Knollen sitzt fester als die von Kartoffeln. An manchen Stellen lässt sie sich abziehen. Wo das nicht geht, müssen Sie die Knollen mit dem Messer dünn schälen.

[b] KÄSE SCHMELZEN Für eine Käsesauce die Mischung immer bei schwacher Hitze erwärmen. So schmilzt der Käse, ohne zu klumpen. Außerdem immer wieder umrühren, damit er gleichmäßig schmilzt und nichts anbrennt.

BRAT-TOPINAMBUR
mit Käsesauce

KLEINER FEINER IMBISS ODER UNGEWÖHNLICHE VORSPEISE.
DANN REICHEN DIE MENGEN FÜR 6 ODER SOGAR 8 PERSONEN.

Zutaten für 4 Portionen

1 kg Topinambur

1 EL Butter

1 EL Olivenöl

Salz, Pfeffer aus der Mühle

50 g Edelpilzkäse

50 g Bergkäse

150 g Sahne

1 Kästchen Gartenkresse

Zeitbedarf
· 40 Minuten

So geht's

1. Die Topinambur unter fließendem Wasser gründlich waschen und mit der Schale in kochendem Wasser bei mittlerer Hitze zugedeckt in etwa 20 Minuten bissfest garen. Abgießen und etwas abkühlen lassen.

2. Die Topinambur dann schälen [→ a] und in etwa ½ cm dicke Scheiben schneiden. Die Butter mit dem Öl in einer Pfanne erhitzen, die Topinambur darin bei mittlerer Hitze in 6 – 8 Minuten knusprig braten, dabei ab und zu umrühren. Das Gemüse salzen und pfeffern.

3. Inzwischen den Edelpilzkäse in kleine Würfel schneiden. Den Bergkäse von der Rinde befreien und fein reiben. Beide Käsesorten mit der Sahne in einen Topf geben und bei schwacher Hitze erwärmen und schmelzen [→ b]. Mit Salz und Pfeffer abschmecken.

4. Die gebratenen Topinambur auf Teller verteilen und die Sauce darübergeben. Die Kresse abschneiden und aufstreuen.

Die Variante

Topinamburgratin mit Apfelkruste
800 g Topinambur waschen und in Salzwasser je nach Größe 15 – 20 Minuten garen. Abgießen, abschrecken und lauwarm abkühlen lassen. Die Topinambur schälen und in dünne Scheiben schneiden. Dachziegelartig in eine ofenfeste Form legen, mit Salz und Pfeffer würzen und mit 150 g Sahne begießen. 1 Handvoll Walnusskerne fein hacken. 2 säuerliche Äpfel vierteln, schälen, putzen und grob raspeln. Mit 1 EL Zitronensaft und den Nüssen mischen. 100 g Bergkäse fein reiben und untermischen. Die Mischung auf den Topinambur verteilen, mit 1 EL Butter in kleinen Würfeln belegen. Bei 180 °C (Ober- und Unterhitze; Umluft 160 °C) im Ofen (Mitte) in etwa 35 Minuten knusprig backen.

ROSENKOHL-WIRSING-GRATIN
mit Kartoffelhaube

SAFTIG-WÜRZIGER KOHL UNTER KNUSPRIGER HAUBE – EIN KÖSTLICHES
VEGETARISCHES GERICHT. ODER EINE BEILAGE ZU KOTELETT ODER STEAK.

Zutaten für 4 Portionen

600 g Rosenkohl

½ Wirsing (etwa 500 g)

Salz

6 Zweige Thymian

½ Bio-Zitrone

1 Stück frischer Meerrettich (2 cm)

150 g Crème fraîche

100 ml Milch oder Sahne

Pfeffer aus der Mühle

500 g mehligkochende Kartoffeln

2 EL frisch geriebener Käse (z. B. Bergkäse)

1 EL Butter

Zeitbedarf
• 35 Minuten +
  50 Minuten backen

So geht's

1. Den Rosenkohl putzen und vierteln [→ a], den Wirsing waschen, vom Strunk befreien und in Streifen schneiden [→ b]. Beides in kochendem Salzwasser 3 Minuten vorgaren, abschrecken und abtropfen lassen.

2. Thymian waschen, trocken schütteln und die Blättchen abstreifen. Die Zitronenhälfte heiß waschen, abtrocknen und die Schale abreiben. Den Meerrettich schälen und fein reiben. Die beiden Gemüse mit Thymian, Zitronenschale und Meerrettich, 100 g Crème fraîche und der Milch oder Sahne verrühren, salzen, pfeffern und in eine ofenfeste Form geben.

3. Den Backofen auf 180 °C (Ober- und Unterhitze; Umluft 160 °C) vorheizen. Die Kartoffeln schälen, waschen und grob raspeln. Mit der übrigen Crème fraîche und dem Käse mischen, salzen und pfeffern und auf der Rosenkohlmischung verteilen. Die Butter in kleine Stücke schneiden und auflegen.

4. Das Gratin im heißen Ofen (Mitte) etwa 50 Minuten backen, bis die Oberfläche schön knusprig ist. Etwas ruhen lassen, dann servieren.

Dazu schmeckt Feldsalat und Brot.

DAS IST *wirklich* WICHTIG

....

[a] ROSENKOHL PUTZEN Schneiden Sie den Strunk der Rosenkohlköpfe ab. Lösen Sie dann nur die äußeren welken Blätter einzeln ab. Rosenkohl kurz abbrausen und vierteln.

[b] WIRSING VORBEREITEN Die Hälfte einmal durchschneiden und welke Blätter ablösen. Legen Sie die Viertel seitlich aufs Küchenbrett und schneiden Sie den Strunk so heraus, dass die Blätter nicht mehr zusammenhalten. Blätter dann in Streifen schneiden.

[b]

DAS IST *wirklich* WICHTIG

....

[a] RADICCHIO PUTZEN Egal, ob Sie die runden Radicchioköpfe oder den länglichen Radicchio nehmen: immer nur die welken Blätter entfernen. Radicchio waschen und achteln. Die Achtel seitlich auf das Küchenbrett legen und den Strunk so herausschneiden, dass die einzelnen Blätter noch zusammenhalten.

[b] BIRNEN PUTZEN Die Birnen vierteln. Schälen Sie die Viertel zuerst und schneiden Sie zum Schluss das Kerngehäuse aus der Mitte mit dem Messer heraus.

[a]

GRATINIERTER RADICCHIO
mit Gorgonzola und Birne

DASS RADICCHIO IM SALAT SCHMECKT, WISSEN ALLE. DASS ER GEGART ABER GANZ NEUE GESCHMACKSNUANCEN ENTWICKELT, ERFAHREN SIE HIER.

Zutaten für 4 Portionen

500 g Radicchio

Salz, Pfeffer aus der Mühle

2 EL Olivenöl

1 – 2 saftige Birnen (je nach Größe)

100 g Gorgonzola

2 EL Pinienkerne

Zeitbedarf
· 30 Minuten

So geht's

1. Den Backofen auf 220 °C (Ober- und Unterhitze; Umluft 200 °C) vorheizen. Den Radicchio putzen, waschen und achteln [→ a]. In kochendem Salzwasser 2 Minuten blanchieren, kalt abschrecken und abtropfen lassen.

2. Die Radicchioachtel nebeneinander in eine ofenfeste Form legen, salzen und pfeffern. Die Birnen putzen [→ b] und in dünne Schnitze schneiden, den Gorgonzola würfeln. Die Birnen auf dem Radicchio verteilen und den Gorgonzola darübergeben. Die Pinienkerne aufstreuen und alles im Ofen (Mitte) 10 – 15 Minuten backen, bis der Käse schmilzt und leicht gebräunt ist.

Den gratinierten Radicchio mit knusprigem Weißbrot als kleine Vorspeise oder Imbiss servieren.

Die Variante

Gebratener Radicchio mit Balsamico
500 g Radicchio putzen, waschen und in Streifen schneiden. 1 rote Zwiebel schälen, vierteln und ebenfalls in Streifen schneiden. 2 Knoblauchzehen schälen und in Scheiben schneiden. 1 getrocknete Chilischote zerkrümeln. Radicchio mit Zwiebelstreifen und Chili in 3 EL Olivenöl unter Rühren andünsten. Knoblauch zugeben und kurz mitgaren. Mit 75 ml Rotwein und 4 EL Aceto balsamico ablöschen, mit Salz, Pfeffer und 2 TL Honig würzen und zugedeckt bei schwacher Hitze in etwa 10 Minuten bissfest schmoren. Abschmecken und warm oder lauwarm abgekühlt servieren.

TIPP Wer in pikanten Gerichten nicht so gern Früchte mag, lässt die Birnen einfach weg und gratiniert den Radicchio pur. Und wer mal etwas anderes ausprobieren möchte, nimmt Apfelschnitze und Walnusskerne anstelle von Birnenschnitzen und Pinienkernen.

ROSENKOHL
mit Walnüssen

Zutaten für 4 Portionen

500 g Rosenkohl	Salz, Pfeffer aus der Mühle
1 Zwiebel	
1 – 2 Chilischoten	
2 EL Walnusskerne	**Zeitbedarf**
½ Bio-Zitrone	• 25 Minuten
2 EL Butter	
150 ml Gemüsebrühe	
50 g Crème fraîche	

So geht's

1. Den Rosenkohl von welken Blättern und dem Strunk befreien, halbieren und in feine Streifen schneiden. Die Zwiebel schälen, vierteln und ebenfalls in feine Streifen schneiden. Die Chilischoten waschen und den Stiel abschneiden. Die Schoten mit den Kernen fein schneiden. Die Walnusskerne in Stücke brechen oder grob hacken. Die Zitronenhälfte heiß waschen und abtrocknen, die Schale fein abreiben.

2. Die Butter in einem Topf zerlassen, Rosenkohl mit Zwiebel, Chili und Nüssen darin andünsten. Die Brühe angießen und das Gemüse zugedeckt bei schwacher Hitze etwa 8 Minuten dünsten.

3. Die Crème fraîche unterrühren und den Rosenkohl mit Salz, Pfeffer und Zitronenschale abschmecken.

Das Gemüse schmeckt super als Sauce zu Bandnudeln oder als Beilage, etwa zu Schweinemedaillons.

CHICORÉE
aus dem Ofen

Zutaten für 4 Portionen

8 kleinere Stauden Chicorée (etwa 800 g)	100 g frisch geriebener Parmesan
Salz	Pfeffer aus der Mühle
Zucker	
2 EL Butter	**Zeitbedarf**
1 EL Mehl	• 25 Minuten + 20 Minuten backen
½ l Milch	
½ Bund Petersilie	
1 Schalotte	

So geht's

1. Vom Chicorée welke Blätter entfernen. Chicorée der Länge nach halbieren, den Strunk wie einen Keil herausschneiden. Gut gesalzenes Wasser mit 1 Prise Zucker zum Kochen bringen. Chicorée darin etwa 2 Minuten vorkochen.

2. Den Backofen auf 200 °C (Ober- und Unterhitze; Umluft 180 °C) vorheizen. Die Chicoréestauden aus dem Wasser heben und nebeneinander in eine ofenfeste Form legen. 1 EL Butter zerlassen und das Mehl darin bei mittlerer Hitze unter Rühren kurz andünsten. Die Milch mit dem Schneebesen unterrühren und die Sauce etwa 10 Minuten köcheln lassen.

3. Inzwischen die Petersilie waschen, trocken schütteln und fein hacken. Die Schalotte schälen und sehr fein würfeln. Beides mit 50 g Parmesan unter die Béchamel rühren, salzen und pfeffern.

4. Die Sauce über dem Chicorée verteilen. Restlichen Parmesan aufstreuen und mit der übrigen Butter in kleinen Würfeln belegen. Im Ofen (Mitte) etwa 20 Minuten backen, bis die Sauce schön gebräunt ist.

WINTERPÜREE
mit Rosenkohl

Zutaten für 4 Portionen

300 g Rosenkohl	Pfeffer aus der Mühle
Salz	½ TL Currypulver
400 g Pastinaken (ersatzweise Petersilienwurzeln)	
300 g mehligkochende Kartoffeln	**Zeitbedarf** · 40 Minuten
200 ml warme Milch	
1 EL Butter	

So geht's

1. Den Rosenkohl putzen, waschen und in die einzelnen Blätter teilen – macht etwas Arbeit, schmeckt aber super. Rosenkohlblätter in kochendem Salzwasser etwa 4 Minuten garen, abgießen und abtropfen lassen.

2. Die Pastinaken und die Kartoffeln schälen, würfeln und in Salzwasser zugedeckt bei mittlerer Hitze weich kochen. Die Garflüssigkeit abgießen, die Kartoffeln und die Pastinaken im Topf mit dem Kartoffelstampfer fein zerdrücken.

3. Die Milch und die Butter in kleinen Stücken mit dem Schneebesen unterschlagen. Rosenkohlblätter untermischen und alles gut erhitzen. Das Püree mit Salz, Pfeffer und Currypulver abschmecken.

CHICORÉE
mit weißen Bohnen

Zutaten für 4 Portionen

1 Dose gegarte weiße Bohnen (240 g Abtropfgewicht)	2 TL scharfer Senf
	1 TL süßer Senf
500 g Chicorée	Salz, Pfeffer aus der Mühle
1 Stange Lauch	
je 1 EL Butter und Öl	2 TL Zitronensaft
2 TL Puderzucker	1 EL Schnittlauchröllchen zum Bestreuen
50 ml Gemüsebrühe	
100 g Sahne oder saure Sahne	**Zeitbedarf** · 25 Minuten

So geht's

1. Die weißen Bohnen in einem Sieb gründlich kalt abspülen und abtropfen lassen. Den Chicorée putzen, waschen, vom Strunk befreien und in 1 cm breite Streifen schneiden. Den Lauch putzen, gründlich waschen und mit dem knackigen Grün in feine Streifen schneiden.

2. Butter und Öl in einem Topf erhitzen. Den Puderzucker einstreuen und schmelzen. Chicorée und Lauch darin bei starker Hitze unter Rühren etwa 2 Minuten andünsten. Die Brühe dazugießen und die Gemüse zugedeckt bei schwacher Hitze etwa 5 Minuten schmoren.

3. Die Sahne und die Bohnen dazugeben und erhitzen. Mit den beiden Senfsorten, Salz, Pfeffer und Zitronensaft abschmecken. Vor dem Servieren den Schnittlauch aufstreuen.

Dazu schmeckt Kartoffelpüree.

SO SCHMECKT'S AUCH Statt Chicorée mal Radicchio oder Endiviensalat probieren.

DAS IST *wirklich* WICHTIG

[a] WURZELSPINAT VORBEREITEN
Zwischen den kräftigen Blättern können sich Sand und Erde gut verstecken. Schwenken Sie den Spinat deshalb mehrmals in stehendem kaltem Wasser gut hin und her. Die dicken Stiele von den Blättern abknipsen.

[b] SPINAT BLANCHIEREN Damit er seine schöne grüne Farbe behält, wird Spinat nicht einfach unter den Eintopf gemischt, sondern extra in kochendem Salzwasser kurz vorgegart. Drücken Sie die Blätter mit dem Kochlöffel unter Wasser, dann fallen sie schneller zusammen. Spinat kalt abschrecken und abtropfen lassen.

DEN SPINAT NUR SO LANGE SPRUDELND KOCHEN, BIS DIE BLÄTTER ZUSAMMENFALLEN.

[b]

WINTEREINTOPF
mit Orangen-Kresse-Gremolata

WUNDERBAR AROMATISCH, SAFTIG UND FRUCHTIG-WÜRZIG. WER MEINT, WINTERKÜCHE SEI FAD, HAT DIESEN EINTOPF NOCH NICHT PROBIERT!

Zutaten für 4 Portionen

1 große Zwiebel

2 Knoblauchzehen

500 g Rindergulasch

1 EL Butterschmalz

½ l Fleischbrühe

2 Möhren

¼ Knollensellerie (etwa 250 g)

¼ Weißkohl (etwa 300 g)

¼ Wirsing (etwa 200 g)

500 g Wurzelspinat

1 große Bio-Orange

1 Kästchen Gartenkresse

1 Stück frischer Meerrettich (2 cm)

1 EL Kürbiskernöl

Salz, Pfeffer aus der Mühle

Zeitbedarf

• 40 Minuten +
  1 Stunde schmoren

So geht's

1. Die Zwiebel und den Knoblauch schälen und würfeln. Das Gulasch eventuell kleiner schneiden, die Stücke sollen nicht größer als 2 cm sein.

2. Das Butterschmalz in einem Suppentopf erhitzen. Das Fleisch darin in 2 Portionen anbraten, herausnehmen. Zwiebel und Knoblauch in den Topf geben und hellgelb andünsten. Brühe angießen und den Bratsatz lösen. Brühe aufkochen, das Fleisch wieder dazugeben und zugedeckt bei schwacher Hitze etwa 40 Minuten vorgaren.

3. Inzwischen die Möhren und den Sellerie schälen und in 1 cm große Stücke schneiden. Den Kohl und den Wirsing von welken Blättern und dem Strunk befreien und in Streifen schneiden. Den Spinat waschen und putzen [→ a].

4. Möhren, Sellerie, Weißkohl und Wirsing unter das Fleisch mischen. Weitere 20 Minuten garen, bis das Fleisch weich und das Gemüse bissfest ist.

5. Inzwischen den Spinat blanchieren [→ b], abschrecken und abtropfen lassen. Die Orange heiß waschen, die Schale fein abreiben und den Saft auspressen. Die Kresse abschneiden, den Meerrettich schälen und fein reiben. Orangenschale, Kresse und Meerrettich mischen.

6. Den Spinat mit dem Orangensaft und dem Kürbiskernöl unter den Eintopf mischen, mit Salz und Pfeffer abschmecken. Die Gremolata aufstreuen oder getrennt dazu servieren.

Die Variante

Linseneintopf
Insgesamt 1 kg Gemüse wie Möhren, Knollensellerie, Topinambur und Rosenkohl putzen, waschen oder schälen und etwa 1 cm groß würfeln. Mit 1 gewürfelten Zwiebel und 100 g gewürfeltem Räucherspeck (nach Belieben) in 1 EL Butter andünsten. 250 g braune, grüne oder schwarze Linsen kalt abspülen und dazugeben. 1 l Gemüse- oder Fleischbrühe angießen und alles zugedeckt bei schwacher Hitze 35 – 45 Minuten garen, bis die Linsen weich sind. Mit Salz, Pfeffer, rosenscharfem Paprikapulver nach Geschmack, 1 EL Apfelessig oder hellem Aceto balsamico und 1 TL Honig abschmecken. Mit der Gremolata bestreut servieren.

Dazu schmecken Salzkartoffeln oder Kartoffelpüree.

REGISTER

KOSMOS.

Kochen und Genießen.

Cornelia Schinharl
Gut gekocht!
Das Grundkochbuch

240 S., ca. 260 Abb.
€/D 19,95
ISBN 978-3-440-12240-2

Gut gezeigt, was wichtig ist

Die sichere Basis – knusprige Bratkartoffeln, knackige
Gemüsepfanne, feine Vanillecreme und vieles mehr.
Cornelia Schinharl erklärt anhand von klassischen und
modernen Grundrezepten nicht nur wie, sondern auch
warum etwas genau so gekocht wird. So gelingen einfache Alltagsgerichte und kreative Variationen mühelos.

Vielfalt pur.
Frisch auf den Tisch.

Mehr als nur Beilage

Festkochend oder mehligkochend, dick und rund oder lang und schlank – Kartoffeln sind unglaublich vielseitig und rund um die Welt zu finden. In neuen wie klassischen Rezepten zeigen sie hier, dass sie von schnell und einfach bis ausgefallen und besonders so ziemlich alles drauf haben. Dazu gibt es viel Wissenswertes und Interessantes zur tollen Knolle.

Matthias F. Mangold
Kartoffeln

144 S., ca. 160 Abb., €/D 14,95
ISBN 978-3-440-12246-4

Die besten Rezepte

Was tun mit den Äpfeln aus Schwiegermutters Garten? Dem Korb Quitten vom Nachbarn? Hier finden Sie die besten Rezepte fürs Einmachen, Trocknen und Haltbarmachen, für schnelle und einfache Gerichte für jeden Tag genauso wie für ausgefallene festliche Menüs zum Verwöhnen und Genießen. Garniert mit viel Wissenswertem rund um das beliebte Kernobst.

Inge Swoboda • Jacqueline Vogt
Äpfel, Birnen & Quitten

144 S., ca. 160 Abb., €/D 14,95
ISBN 978-3-440-12245-7

AKTEURE

Cornelia Schinharl gehört mit über 50 veröffentlichten Büchern zu den erfolgreichsten Kochbuchautorinnen im deutschsprachigen Raum. Sie hat für ihre Bücher schon viele Auszeichnungen erhalten, darunter sieben Silbermedaillen der Gastronomischen Akademie und einen World Cookbook Award. Die leidenschaftliche Köchin mag die bodenständige Küche ebenso wie Exotisches aus aller Herren Länder und experimentiert gerne mit unbekannten Zutaten. Ihre besondere Liebe gilt der mediterranen Küche. Mit viel Kompetenz und Kreativität entwickelt sie abwechslungsreiche Rezepte, die sicher gelingen. In diesem Fall mit Gemüse aus der Biokiste, saisongerecht und rund ums Jahr.

Eising Foodphotography ist im Bereich der Foodfotografie eines der renommiertesten Studios in Deutschland. Seit über 30 Jahren wird hier in München unter Volldampf produziert und dabei doch sanft gegart.

Martina Görlachs Name ist untrennbar mit Eising Foodphotography verbunden. Künstlerisch sehr interessiert und begabt, arbeitete sie schon früh kreativ als Glasmalerin und Restauratorin. Erste Styling-Jobs führten sie ins Studio Eising. Schon bald stellte die Fotografie eine neue Herausforderung dar. Mit Liebe zum Detail und zum Essen, ist Martina Görlach nicht nur mit Professionalität, sondern auch mit Herz und Seele am Werk. Auszeichnungen der Gastronomischen Akademie und der Historia Gastronomica Helvetica sprechen für sich. Doch am wichtigsten ist für die Foodfotografin die Arbeit im professionellen Team.

Michael Koch – sein Name ist Programm – ist nach langjähriger Erfahrung in der gehobenen Gastronomie seit 2000 als Foodstylist tätig. Auch als Kochbuchautor und in der Rezeptentwicklung ist er seit einigen Jahren erfolgreich. Seine dankbaren Testesser sind Tochter Lilli und seine Lebensgefährtin.

Ulla Krause ist eine passionierte Sammlerin. Mit ihrer großen Leidenschaft für das Besondere und ihrem ausgeprägten Gespür für Ästhetik findet sie stets die passenden Requisiten für die verschiedensten Produktionen.

IMPRESSUM

Mit 118 Farbfotos von Martina Görlach

Umschlaggestaltung von Gramisci Editorialdesign, München unter Verwendung zweier Fotos von Martina Görlach

Rezepte, Geling-Tipps, Infos zum KOSMOS-Kochbuch-Programm und vieles mehr unter **www.kosmos.de/gut-gekocht**

Unser gesamtes lieferbares Programm und viele weitere Informationen zu unseren Büchern, Spielen, Experimentierkästen, DVDs, Autoren und Aktivitäten finden Sie unter **www.kosmos.de**

Gedruckt auf chlorfrei gebleichtem Papier

© 2010, Franckh-Kosmos Verlags-GmbH & Co. KG, Stuttgart
Alle Rechte vorbehalten

ISBN 978-3-440-12248-8

Redaktion und Projektleitung: Marc Strittmatter
Lektorat: Katharina Lisson, München
Gestaltungskonzept und Layout: Gramisci Editorialdesign, München
Satz: Atelier Krohmer, Dettingen/Erms
Produktion: Eva Schmidt
Printed in Germany / Imprimé en Allemagne

Mix
Produktgruppe aus vorbildlich bewirtschafteten Wäldern und anderen kontrollierten Herkünften
Product group from well-managed forests and other controlled sources
www.fsc.org Zert.-Nr. SGS-COC-004238
© 1996 Forest Stewardship Council

FSC